AQUARIUS

AQUARIUS

Vision

一些人物，
一些視野，
一些觀點，
與一個全新的遠景！

這一生，你為何而活？

暢銷激勵作家
盧蘇偉——著

【自序】這一生，你為何而活？

這本書是《這是我要的人生嗎？》的續集，如果你還沒讀過，這本書閱讀起來會有一點生硬，因為它要談的是「更真」和「更深入」的「自己」。前一本書《這是我要的人生嗎？》是引導讀者了解自己，這本書是更深度的閱讀和選擇真正的自己。

書中只有一個故事，這個故事談的是一名校長「郁慧」，藉由和自己的內心對話後而得到真正的幸福。之前她追求成就，不計一切得失追求，當上了校長之後，才發覺校長這樣的職位，並不是自己真正想要的，也不適合她；而她不知道自己究竟要的是什麼？適合什麼樣的位置和生活？該給自己人生什麼樣的腳本？

你很可能也和這位校長有相同的追求，但是，你真正想要的是什麼呢？

這本書就像剖洋蔥般引導你，一層一層地深入閱讀和剖析自己。閱讀過程你不必一口氣讀完它，讀一段休息一下，用心聆聽自己內在的對話；因為這不是別人的故事，而是你自己的故事。

讀完後，你會有一種很輕鬆的愉悅感，因為你不必偽裝和欺瞞自己，你可以選擇、決定未來的一切，你不再是父母和婚姻的傀儡，你也不需要偽裝自己是成功的，汲汲營營於追求成就。你會賞識真正的你！你一直很棒，一直很好！

如果你已經準備好閱讀真正的自己，重新改寫屬於你自己的「腳本」，我很誠摯地邀請你，一起打開我們「自己」這本書，讓我們一起來閱讀人生的豐富和精彩。

這本書共有十四個章節，我將一一為你導讀你自己的內心世界。

主題如下：

1、關於努力

尋找生命的真正價值。努力有什麼不對嗎？努力從不會是個錯誤，因為我們從小到大不斷地被教導，要做一個認真努力的人；但我們從未被教導，要做一個懂得閱讀自己、了解自己需要什麼，要去哪裡的人。

我們努力佔有許多想追求的事物，存款簿上有許多的數字，動產和不動產上有許多以名字歸屬的所有權。在我們追求頭銜的同時，究竟什麼是真正的自己呢？我們要把自己帶去哪裡呢？我們真正要的又是什麼？

「自己」是如此重要的一本書，我們讀遍了所有的名著，卻不曾翻閱過屬於自己的這本書。打開這本書很重要，更重要的是開始學習閱讀自己！

2、關於宿命

擺脫過往的魔咒，我們的內在都有一個天平——我們的價值觀，會給我們許多輕重的衡量。然而，財富和權位卻是自始以來，左右我們最多的兩個價值。

我們常會因此忽略了「健康」和「愛」。當我們攻城略地去征戰，佔有了我們夢想的目標，我們站立在高位，享受最好的視野和風景，我們才會開始關心我們所愛的人，我們才會感觸到，那個被我們忽略已久的身心，是如此的疲累。

當我們環視所有，才感受到自己的孤獨和無助，自以為是個人領域裡的「王」、「專家」，而周遭的人什麼都不是。有時候，我們會在與人相處中感受到一種陌生的疏離感。

所以，如何擺脫不屬於我們「自己」的枷鎖和魔咒呢？

從心閱讀自己吧！

3、關於叢林

從迷惑中找到出路，生命因失去夢想和目標而陷入叢林。當你專注於自己真正想要的人生，我們就會在自己的旅途上。人活在這世上，真正要的是什麼呢？你要把自己帶去哪裡呢？找到你生命的指南針，你就會擺脫生命的叢林，生活在廣大無涯的草原！

4、關於探索

正視自己的心，從「心」開始。你為什麼煩惱不安？你為什麼生氣？你為什麼不快樂？以上這些都不是我要教你的探索，因為這些不好的問題會帶你到垃圾場。

請每天督促自己做下列這份功課：

- 每天都祝福和感謝自己。
- 隨時都能看見自己的喜悅。
- 知道自己可以不要什麼。
- 了解自己需要的是什麼。
- 珍惜每一個播種的片刻，為自己的未來種下歡喜、幸福的種子。

5、關於止息

當你內在裡是寧靜無息，你就和真正的自己相遇。生命的紛擾來自我們的思緒，如天上的浮雲打擾天空。讓自己經常保持內心的淨空，沒有任何思緒起伏，你就會更了解自己，它一直都很美好、歡喜。

6、關於獨特

獨特，讓每一個生命都被看重，更重要的是我們懂得賞識，讓每一個生命自由和伸展。正因為我和不同的生命有分別，我們才是最棒的！

很好，因為我們是獨特、唯一的，不需要比較，更不需要計較。我們雖是不同的生命，互相獨立成長，卻是依存一體！如果我們認識自己，就會了解所有的生命是一個胞體，賞識別人、看重別人的生命，就是賞識自己。

7、關於選擇

因認識，而做對選擇。開始讀你自己，你會發現愈了解自己，我們愈能明白生命簡單的軌跡。你選擇你自己的一切，一切都是美好的，因為它是你的選擇。

你愈懂得閱讀自己，你就愈明白一切都只是選擇而已。你會愈來愈容易去選擇你要的，你知道什麼是與你有關，什麼又是你要的。繼續閱讀自己，你就更知道「沒有選擇的必要」的重要性。其實生命一直都很美好，它自有最好的安排！

8、關於學習

做一個安心的父母，不只是做父母要安心，做一個人更要學會安心。心中無所牽掛和羈絆，來自於我們對生命的信任，而我們的信任，來自我們的愛。因為愛，我們相信彼此，因為愛，我們無所畏懼；我們會永遠相信、支持，你會明白「我」和「其他的生命」一直都很棒！

全然的信任生命的河流，將帶領我們領受生命的恩典，生命是一段學習和自我提升的歷程，它將是個美好的旅程。

9、關於經營

投資屬於自己的家吧！我們誤以為「幸福」是理所當然的擁有，沒有付出，我們就沒有收穫；沒有投資和經營，我們就不會有營收。

每一天的每個片刻，我們都在投資自己，比如關心我們的家人，當你付出真誠和愛，就得到溫暖和感動，若是漠視不肯付出，你自然就會愈來愈窮。

10、關於創新

給自己一份幸福的計畫吧！你不滿你所擁有的一切，你可以繼續抱怨和生氣，你也可以給自己一個全新的機會，重新閱讀自己，打開自己生命的地圖，重新繪製人生的地圖！

你要什麼呢？

你要去哪裡呢？

你希望未來有什麼樣的境遇呢？

創新，就是清楚地打開你的書本，用心閱讀自己，重新規劃全新的劇本，讓自己的每個當下，都能欣然悅讀自己。

11、關於堅持

看見改變的力量，你可以放棄所有的努力，或回到過去的一切；但你可以堅持改變。為了健康，我堅持每天運動；為了幸福，我堅持每天都投資自己的愛。

為了讓生命豐富、精彩，我堅持選擇不曾走過的道路。其實你的堅持，將會讓你的生命有光有熱。

然而，如果你仍堅持不肯改變，我也尊重你的選擇，但你要學會欣然接受，並且享有自己的堅持。

12、關於體諒

「心」工作的開始，因為你開始諒解、感恩所有，因為你開始不再用過去的境遇和經驗，懲罰自己和其他的生命。

因此，你不僅會得到解脫，你的「心」將會開始用心生活，並看見生命的脈動。每一個生命都值得悲憫和體諒，他們都曾因不懂如何用「心」生活，才會不斷地折磨自己和別人。

那麼，你什麼時候開始讓你的「心」工作呢？

13、關於改變

從心開始的生命，我們的本能會害怕改變，因為我們不確定改變是否會更好。然而，我卻喜歡改變，尤其是「心」的改變。再一次的閱讀自己，再一次的和自己相遇，再一次的與真正的自己對話、獨舞。

我們的「心」會一再的更新，改變將會讓不屬於我們的塵埃沉澱，讓自己重生。不論你的年歲如何，你都可以如嬰兒般重生，享有全然的純真生命。

只要你願意，你將可以再次閱讀自己！

14、關於祝福

閱讀這本書，你讀到自己了嗎？讓自己擁有最美好的祝福吧！

這不是別人的故事，這是你自己的故事。打開你的生命手札，開始閱讀自己。

當你回望過去，問問自己過往的一切，它給予你生命什麼樣的啟示呢？真正的自己是沒有任何束縛，閱讀自己是帶領自己來到當下的人生階段。

向前看看自己，未來將如何撰寫你的人生手札呢？

一切都在於自己的選擇與決定！開始閱讀自己之後，你的人生已經有了不一樣的品質和未來。我衷心地祝福你，很快的就能享受到生命的恩典與禮物！

盧蘇偉　謹識

2010/12/10 於板橋

這一生，你為何而活？

目錄

01

關於努力

尋找生命的真正價值

一個人對社會最大的貢獻，是先讓自己成為一個快樂和幸福的人，再推及家人和我們服務的對象。我們如果企圖燃燒自己和家人，以照亮別人，我認為那是種「迷思」。

走出被孤立的城堡

郁慧是幾年前認識的學校主任，沒有特別聯絡。她後來考上了校長，邀我到她的學校演講，她為此特別選讀了我的一本書《關鍵一秒》。演講前，我特別早到一些時間，她心有所感的和我聊了許多她不曾對任何人提過的心事。

「當校長很辛苦。」

郁慧表面上充滿著熱情，但難掩她的疲累，她在眾人面前總表現出自己的專業和敬業，她有著堅強和不服輸的毅力。

「現在的校長和以前的校長不同，要花很多時間溝通和協調。」

這的確是中小學校園的現況。早期師資全來自師院體系，老師很尊重學校的體制，校長很有威權可以決定所有事，現在的科室主管還好溝通，但老師們常有獨特的意見，有部分老師更是要花許多時間才能溝通一件事。

願意溝通的都沒問題，遇到拒絕溝通，擺明要和校長對立的老師也有。郁慧自認為行政歷練完整，但來到這個完全陌生的學校，她常常孤掌難鳴。大部分時候，她只能妥協再妥協，甚至違背了自己的理念和職務，但也莫可奈何。只要她稍微堅持，黑函和傳言就四起，校長室像是個被孤立的城堡。

擔任校長的第一年，她每天都被老師和行政人員的粗暴態度嚇到，明明沒什麼大不了的事，同事的反應卻很激烈，這和她以前的學校有很大的不同。她在原來的學校是從老師、組長、主任一路走來，全校的老師都是十幾年的好朋友。

她考上校長後，被派往這個不算小的學校，她一直覺得很慶幸，因為一般都要從偏遠的地方做起。雖然她之前也耳聞這個學校有許多問題，但她一直覺得是校長的領導有問題，而她曾和幾任校長相處過，自覺是很好的幕僚與主管。學校的科室，除了總務她接觸的較少，其他科室的業務她都很熟悉；但她來到這個學校，才發覺所有的規矩都不一樣了。

一件很容易完成的事，竟可以拖延到被教育局打好幾次電話來催促都未完成。有時她真的很想自己動手做，但她愈急，行政人員就愈傲慢。她有一次大發脾氣，沒想到有人把她的氣話錄音轉寄給教育局的督學，她能怎樣呢？

「任期一滿，我就回任老師的工作。我受夠了！」

我不知該有何評論。行政工作並非人人都適合，一個適合擔任主管的人，卻未必適合擔任機關首長，或許郁慧不適合這個位置吧！在演講會場可以看得出來，學校充滿著對立關係。一百五十個人的會場，來了五十個左右的老師，全坐在最後的幾排。主任用麥克風拜託老師往前坐，卻沒有幾個人移動位置。演講才剛開始，就有人往外走。

我拿著無線麥克風走到會場中間開講，講題是〈新世紀的心老師，如何做學生生命中的貴人〉。這是我四千多場演講中，最不舒服的一場。老師們聊天的聊天，還有打開手提電腦的，頭從未抬起來的，連改作業的也有，只有少數老師認真在聽。

我心裡十分難過，老師對未來社會的影響，絕對大於任何人；但這個學校的氣氛，讓我感受到一股強烈的怨氣。雖然一場演講的影響很有限，我仍然希望每一位老師都能看重他們手上的每一個生命，並用心播撒愛與希望的種子。我們是老師，也是家裡孩子的父母，如果我們期待自己的孩子遇到好老師，那麼我們是不是就該盡最大的努力，成為有愛心和耐心的老師呢？

演講結束後，我和主任及校長留在會場聊天。我很感慨，幼齡化和延緩成熟，在父母身上偶爾會見到，但沒想到老師也如此嚴重。以自我為中心，不管別人的感受和評價。

主任未做任何辯解，她自己也覺得厭倦。教了三十年書，這幾年的老師愈來愈有能力，但教學的熱忱和使命感卻愈來愈欠缺。校園的問題不只是管教失當，更嚴重的是老師不想管教和放棄管教。這些少數特立獨行的老師，行政人員能怎樣呢？每天都提心吊膽他們會出事，經常被家長申訴，只得在「教學自主」與「行政不應干預教育的專業」之間擺盪。

以前在校園裡，行政人員是優勢主導，現在已經成為校園的弱勢，每天都要提防老師的提告和黑函。

每份工作都有「價值」

「辛苦了。」

聽了這些抱怨，我無言以對。一個學校的文化當然不是一兩天形成，我到過兩千多所學校，但很少有學校是像這樣的。大部分的學校都是兢兢業業的發展學校的特色和文化，把每一個孩子都帶好。學校行政人員和老師互動不良，受害最深的應該是在這裡受教的學生。雖然，這是較邊緣的區域，父母社經地位普遍不高；但學校的效能不佳，如何期待學生有好的表現呢？

「我也不知道這所學校的特性，聽說前幾任校長都是只做一任就下來。我也一樣。」

郁慧在校長室，有感而發的講述她的想法和感受。

要改變一個學校的風氣不是很容易，但行政工作的價值不就是在除舊布新，讓不好的互動和態度經由好的領導和管理，而有不同的展現嗎？這需要時間，也需要努力，如果行政工作只是坐享其成，又有什麼意義呢？

這些話我沒有講出來，一個學校如果連校長和主任都倦怠了，要怎麼去推動校務的改革呢？但看到校長的黑眼圈，我很難再說些什麼，她已經盡力了，或許她不適合校長這個職位。

「四年後卸任，換一所學校甄選。如果沒有選上，我可能就辦退休了。」

郁慧在我離開時，感慨的講出她的決定。她還留戀校長這個職位，奮鬥了幾十年，好不容易考上校長，她實在有些不甘心，就這樣被這所學校給終結了。

「如果還有機會。」

回來的路上，我心裡有種說不出的難過。在公職生涯中，我沒有擔任過任何不想要的行政職務。我的原因很簡單，每天看堆積如山的公文和蓋幾百個章，我覺得應該還有比這些工作更讓我投入的，最重要的是，我不適合，也不想花太多時間在人事的溝通協調上。

可能要很細膩的關照到每一個人的想法和感受，才可能做出一個比較完美的決策。人愈多愈紛雜。做事還比較容易，管理人卻是要有智慧和耐心。

是對孩子的期待，還是自己不能輸？

我認識的郁慧，是一個很出色的主任，但如果她擔任校長，我就覺得不是很適任。之後，郁慧因她孩子的問題，和我有多次E-mail和電話的聯絡。她有三個孩子，兩個女兒已上大學，小兒子卻才讀國中。她的先生來自傳統家庭，那麼晚才生兒子，是因婆婆的壓力。她婆婆認為沒有兒子繼承家業是最大的不孝，如果她不肯生，她婆婆就要讓她先生再找小老婆。迫於無奈，她才生了這個兒子。

可能是因為有點高齡，所以孩子還沒足月就出生了，因此，孩子的發展不是很健全，但她一直都忙著自己的工作，教養的責任幾乎都是公公婆婆在負責。她在兒子小學時只注意到他的功課，可是公婆疼這難得的金孫，常當面給她難堪。公婆有積蓄和房產，認為這個孩子以後餓不死，讀書可以慢慢來，所以在兒子讀國小時，她幾乎很難插手。

孩子上了國中，公婆年紀大了，無力再管孫子了，才把管教的工作交還給她，她才發現孩子明顯跟不上。她很急著要讓孩子把落掉的功課追回來，但她的要求和期待對孩子而言可能太高了，親子關係弄得很糟。

她非但沒得到公婆和先生的支持，還處處以她是學校主任的身分譏諷她。她擔任校長後，先生和公婆並不以她為榮，還處處為難她，要她先把自己的孩子教好，搞得她家庭、工作兩頭燒。

為了以身作則，她總是第一個到校，最後一個離開；如果她遲到或未到，同事非但不能諒解，還集體罷工和擺爛，讓她難堪。這兩年，她真的苦不堪言。

「為什麼不好的事情，總是讓我遇到呢？」

我一時無言以對，當校長是多少人夢寐以求的努力目標，但不是每個人都適合和需要。青春期的孩子難免會有一些不如我們期待的事情發生；但未必會演變成嚴重的親子衝突。

郁慧在某些方面是積極上進的人，她只要有機會就進修，她已經取得兩個碩士學位，有機會她還想攻讀博士，可是我不明白，在她孩子還小，需要她全心照顧時，她卻選擇假日去進修。

她的理由是孩子這個時候不需要她，也沒出什麼問題，但等到孩子上國中，更需要父母專心陪伴，她又選擇擔任校長，每天來回的通勤時間要將近兩個小時。學位和工作一直比她的孩子重要，所以我不是很能理解她內在的天平是怎麼衡量的？

「進修機會不是每年都有，就像擔任校長，也是有校長職位臨時出缺，才有機會輪到我。」

沒有什麼是絕對的對或錯，但這和我的價值觀有很大的不同。我家的孩子從小發展就慢一些，雖然，我太太是個很棒的賢妻良母，管教孩子，我能使上力的很有限；但我很清楚，我在家會幫忙做一些家事，假日若我在家也會帶著他們上山下海。在孩子讀國中時，我很少在假日安排演講和活動，因為父親和先生的角色，對我而言，比什麼都來得重要，其次才是我法院的孩子和我的事業或工作。

你在家庭的角色，誰都無法取代

「老師，我一直都以為您是一個以工作為先的人。」

郁慧很疑惑，我在工作和事業上有如此多元的表現，怎麼會是一個以家庭為中心的男人呢？我對我自己生命價值的看法是，把自己看顧好，也把家和孩子看護好，因為這才是工作和事業，否則未來的努力，都會毀在家庭的投資和經營不夠。

我們需要一份工作以維持家用和生計，也有自己的夢想和使命，但並不表示就可以忽略家庭裡的角色和職責。我們不當主任、校長，這個學校依然可以運作；但在家裡，我不好好把爸爸和先生的角色扮演好，就沒有人可以替代了。

在我的想法裡，一個人對社會最大的貢獻，是先讓自己成為一個快樂和幸福的人，再推及家人和我們服務的對象。我們如果企圖燃燒自己和家人，以照亮別人，我認為那是種「迷思」。

郁慧對我的看法很有意見，她仍覺得自己的選擇沒有錯。人就是要把握機會力爭上游。我們整個社會對一個人的評價，就是以學歷和頭銜為主。誰會在乎一個人在家是不是一個好爸爸或好媽媽。她從小就被教導，做一個力爭上游、成就非凡的人。

「那麼擁有學位和成為一位校長，妳應該更幸福和快樂才對啊！結果有嗎？」

郁慧比她的同學有成就太多了。她不止一次告訴我，同樣是師專畢業，有許多同學連大學的學歷都沒有，她卻擁有兩個碩士。如果有同學在基層擔任老師，且窩在同一個辦公室三十年，對她來說，這是她無法容忍的事。有機會就要爭取，怎麼能讓自己怠惰鬆懈呢？

「妳想要什麼呢？得到什麼，妳才會覺得自己是成功的人呢？」

郁慧不假思索的告訴我，一個人就是要「優秀和傑出！鶴立雞群，成就非凡。」

這沒什麼不對。但什麼是優秀呢？什麼又是傑出呢？一定要鶴立雞群才算是成功嗎？成就非凡的人一定是幸福和快樂的嗎？如果什麼都佔有了，但我們並沒有幸福感和快樂感，這算是成功嗎？

「幸福和快樂是不切實際的口號。我覺得沒有什麼實質的意義。」

郁慧會有這樣的想法，我很能同理，她從未想過要擁有快樂和幸福，她只是功利的要佔有她想要的目標，所以，她會覺得這是口號。

通常這是男性的想法，頭腦裡只有一再的挑戰和達成目標，女性通常比較會在乎這些感覺上的滿足。

郁慧是比較獨特的，一般來說，男人會追逐實際的權位、金錢、車子和房子，女人要的比較是感覺上的滿足。

愛與被愛，是一輩子的功課

郁慧會有這樣獨特的想法，和她的成長背景有相當大的關係。她的家庭是重組家庭，生父因意外去世，母親帶著她和弟弟改嫁，繼父會娶她媽媽，是因為她的弟弟能夠繼承繼父家的香火。繼父和元配離婚，原本有兩個女兒。他連自己的女兒都不在乎了，怎麼重視別人的女兒呢？所以她總覺得自己是多餘的，從小她就很認命，會主動做家事，認真讀書且名列前茅，她希望繼父能對她另眼相看。

但她和繼父始終保持著某些距離。她渴望父愛，對繼父有一種特別的情愫，很想親近她的繼父，但她又不敢，所以，繼父期待她弟弟的一切，她都預先實現，還好她的弟弟也算上進，否則她的努力可能招來更多的挫敗。

她和弟弟有種微妙的關係，既是競爭者，也是朋友。當需要和父母互動或她有所需求時，她都會透過弟弟去向繼父和媽媽索取。媽媽雖然再嫁，但很清楚自己要力爭上游，要有謀生的能力，所以在顧好自己的家庭之餘，她很積極的做手工或打工。

或許是太操勞了，媽媽的健康一直都不好，情緒也經常失控。媽媽所有負面的情緒，只有郁慧一個出口。她幾乎是全家的垃圾桶，誰都可以對她發脾氣。她選擇讀師專最重要的一個理由，就是要離家，她想要獨立。

繼父給她的影響很大，繼父做生意，常給她的想法是若不夠強、不夠狠，就別想賺了；要認真要勤奮，有機會就要力爭上游；有權力就要利用。

她的繼父也擔任過民意代表。從小家裡經常有陌生人進進出出，她便學會與這些人打交道，討好繼父和他的朋友。郁慧在學校做行政工作，和廠商、家長會關係一直很好，她很有手腕搞定這些人，也很會拿捏分寸。她和校長的互動一直都保持得很好。

郁慧成長的背景讓她始終壓抑自己的情緒和想法，她的注意力一直是鎖定在她的繼父、媽媽、老師、主管和上司身上，所以，她扮演幕僚角色時，她是很成功的；但她擔任學校校長時，便有些手足無措，因為她手下的主管都以自己為主，想決定和掌控別人。

如果人沒搞定，當然就很難做事了。也許她到另一所學校，有許多配合型的工作夥伴，會有很好的表現也不一定。

「工作對妳很重要嗎？」

郁慧把所有心力都放在工作上，孩子反倒成了工作的絆腳石，她很不願意提及她的兒子；很奇特的是，她的女兒都在國立大學讀書，她也很少提到她們，好像這兩個女兒和她的距離很遙遠。

投入工作，有很好的表現當然是很好的一件事；但如果我們沒有把家顧好，工作是很難周全的。工作對她而言有著難以了解的吸引力，工作是什麼呢？工作是種成就感，工作讓她覺得自己被看重、有價值。

從工作中，她感覺自己的優秀和重要，但她真正要的並不是工作的成就，而是她內在欠缺著愛與被愛的經驗。

她熱中於達成上級的指示和命令，以得到賞識和重視；但這些話我不便在這個時候對郁慧明講，必須由她自己去發現和探索。

答案並不重要，而是得等她發現自己的需求和期待時，才能明白生命當中真正重要和珍貴的價值。

就眼前而言，她認為工作是種責任，也是自我的實現。把工作做好對她而言，真的很重要。因為工作可以肯定她的價值，除此之外，她很難再找到一處立足點。

生命的努力，如果方向錯了，我們非但得不到自己期待的禮物，而且會愈離愈遠。

認識郁慧，我的心中有種說不出的痛。這麼努力的一個人，竟從未了解過自己真正想得到的是什麼。

閱讀自己

努力有什麼不對嗎？

努力從不會是個錯誤，因為我們從小到大不斷地被教導，要做一個認真努力的人；但我們從未被教導，要做一個懂得閱讀自己，了解自己需要什麼、要去哪裡的人。

我們努力佔有許多，在存款簿上有可觀的數字，名下有許多動產和不動產。我們有這個頭銜和那個頭銜，但什麼是真正的自己呢？我們要把自己帶往哪裡去呢？我們真正要的又是什麼呢？

「自我」是如此重要的一本書，我們讀遍了所有的名著，是不是忘了翻閱屬於我們自己的這本書呢？

打開這本書很重要，更重要的是開始學習閱讀自己。

02 關於宿命

擺脫過往的魔咒

她從未想過擔任一位校長竟是如此的辛苦和狼狽。她用一生的努力才爬到這個位置，她很不甘心，但又能奈何？郁慧有些精疲力竭。

預示設定的情緒管理

郁慧因為學校的師生衝突，引發的法律問題而來找我協助。法律並不是我的專業，但我多少略知一些。我覺得衝突事件如果以法律的方式解決，最後一定會全盤皆輸。任何判決都不會讓雙方服氣，不服的一方一定會再製造事端，最後學校、老師和家長、學生都會是輸家。

我認為主動和有耐心的溝通，聽對方完整的陳述意見，去了解彼此真正的訴求，會是比較好的解決方式。其實大部分時候，彼此都只是想得到對方的尊重而已，沒有什麼是絕對的對或錯，只是看法不同而已。

法院能做什麼呢？給予一張判決書嗎？衝突是雙方的，傷害也是雙方的，最後得到的只是懲罰和怨恨而已。我認為法律的功能有限，如果有共識，彼此能在事件中學習和成長，才是努力的方向。

「親師都很難溝通，才會弄成這樣的僵局。」

「老師和家長真正要的是什麼呢？」

彼此不過是爭一口氣，因為對方的態度不如我們的期待，讓我們感覺受屈辱和不舒服，所以，會使盡全力要讓對方知道自己的不舒服。教育部推動友善校園，不就希望改變粗暴的言行，多用了解、關懷去溫暖彼此嗎？拿過去的不愉悅懲罰彼此，不計一切的毀了自己和別人，有何意義呢？

「事件已經發生，無法改變過去了。我們現在能做點什麼好讓彼此好過些呢？」

面臨人際互動的問題時，旁觀者都是比較有理性的，當事人則很難看見自己以外的世界。我們習慣指責和批判，卻很難有機會思考，我該怎麼做，才能讓大家都贏呢？郁慧也很無奈，這位和家長衝突的老師已經不是第一次了。我到郁慧的學校演講，請老師們往前坐時，這位老師當場就甩門離開現場。只要別人不如他的意，或別人讓他有一點不舒服，他就會情緒失控，郁慧也和他有過好幾次的衝突。在整個事件中，郁慧是兩邊都不討好，最後她還落得成為箭靶。

「這件事，妳希望得到什麼結果呢？」

我處理問題，喜歡以目標為導向。知道我們要的結果，我們才不會錯失方向。

「當然希望親師各讓一步，彼此言好。」

事情會演變到這一步，一定不會是單一事件，彼此一定累積了相當的心結，才在這次偶然的事件中引爆。老師的情緒管理能力差，家長溝通無效，才會引爆激烈衝突。家長已經把孩子轉校，也準備聯合其他家長和地方民意代表，把這位劣師逐出校園。教育局和相關單位都已經出面處理了。

校長的立場很尷尬、為難，她被老師質疑是沒有肩膀的校長，受制於媒體和民意代表的壓力。她同時也不被家長信任，認為她一味地掩護有問題的老師。

她從未想過擔任一位校長竟是如此的辛苦和狼狽。她用一生的努力才爬到這個位置，她很不甘心，但又能奈何？郁慧有些精疲力竭。

「什麼結果是雙方都可以接受的呢？」

每件事的發生都有前因後果，沒有一定的對或錯。老師和家長都不肯讓步，一定會弄到兩敗俱傷。大家都已經是成年人，就不用再為他們操心，由司法去決定他們的對錯吧！

家人不是天生，需要用心經營

「妳的孩子還好吧？」

關於這件難解的問題，我也很難有什麼好意見，便想轉移一下話題，關心一下郁慧的兒子。

她有些恍惚和陌生，似乎已經有一段時間未理會孩子的問題。她原來很有心想幫孩子一點忙。自從她和孩子引爆衝突，孩子便開始逃避她，躲到祖父母的保護傘下，先生也只是指責和嘲諷她，當個校長，連自己的孩子都教不好，還想要教好別人的孩子！

她原本很積極想為孩子做些事，但家裡一團亂，加上學校意外頻頻發生，她已經好幾個星期住在學校裡不曾回家了。先生頭幾天還會打電話來責問，她不接電話之後，他也懶得再理會她。

她這幾週有一種輕鬆的感覺，像是個逃家的媽媽。面對一個沉重的家，能脫離也是件不錯的事。待在學校，她覺得完全沒有休息，已經失眠了好幾天。但學校也不是她的家，她現在有種兩頭空的感覺。

這幾天她很煩悶，不知該怎麼辦。她極度的孤單，這幾十年來，她只有工作的夥伴，沒有知心的朋友，在家裡也沒有談天的對象。她最近看了一些我的書，就想到我，想到或許我可以和她談談，給她一些建議。

「家庭和工作，妳想要什麼呢？」

我在工作上不求升遷，但能分享給同事的，便毫不吝惜的分享。我和同事間維持著很好的互動，我會特別為同事做些事，關懷他們，表達我的善意；但我又與同事間保持一定的距離，因為我在有空的零碎時間裡，大部分都用來寫作。太親密的關係，就容易打擾我的寫作時間。

我的家庭是我生命的重心，我用心的經營和投資。在家裡，我很關心太太和孩子一天的狀況和心情，只要他們今天是OK的，我在家就會很愉快。他們的「人」好不好是我最重視的。

為了讓太太有更多休息的時間，我在家盡可能做我能做的所有家事，我主動了解孩子的需要，並且提供協助。我要的家是一個充滿能量和歡笑的家，和我期待的目標相違背的事物，我都會盡可能避免讓它們發生。

郁慧對於自己家庭的期待，只有責任和義務。她覺得她的先生只會忙他自己的事，從未關心她和孩子。孩子小時候大部分是由公婆照顧，和她的互動只有功課和成績。一回到家就忙著做各種家事，公婆也從未體諒過她上班一整天，回到家需要休息。她經常拖著疲累的身心回到家，還要幫忙許多家事，以及看孩子的功課。

她每每累癱在床上，她先生卻對她的辛苦視若無睹。她不明白她常同理、支持同樣在教育界，從事行政工作的先生，但先生對她的支持和協助，卻很有限。她也很少和先生談學校的事，而這次學校發生衝突，她曾求助於她的先生，但他非但沒有伸以援手，反而還譏諷她一番，要她盡早辭去校長職務。

別用「錢」衡量自己的付出

「盧老師，我做錯了什麼嗎？」

郁慧可能什麼錯都沒犯，但她一定沒做對一些事，才會讓自己落入這樣的處境。

如果我們所有的努力，連最親近的另一半都不信任和支持，我們可以說服誰呢？郁慧以自己為中心，去思考她周遭的人際互動。她的公婆為她照顧孩子，難道還要幫她處理家事？雖然每個月她都有拿一些錢給公公婆婆，但她覺得孩子是她夫家的資產，公婆本就應該要付出。

我很難理解，她認為照顧原生家庭是弟弟該盡的責任，我不明白她把自己置於何處。對於夫家，她也認為那是先生該照顧的。對於原生家庭，她認為她是嫁出去的女兒，而孩子是姓夫家的姓，所以都是別人孤立了她，但會不會是她讓自己在兩家的系統中邊緣化呢？這些話我未明說。

「妳付出什麼，妳就會得到什麼。妳不可能得到妳未付出的收穫。」

郁慧卻不認為她沒有付出，她每個月都有拿錢給她的父母，也都有拿生活費給公婆，她自己所剩無幾。她當行政人員常有應酬和額外支出，她身邊沒有什麼多餘的錢，她怎會沒有付出呢？

我有點詫異，郁慧竟用錢在衡量她的付出。除了「錢」，她還擁有什麼呢？孩子是公婆帶大的，先生雖同任教職，但卻沒有共同的理念和興趣，他們各自擁有自己要的一片天。

在工作上，她佔上一個位置，就努力經營。為了快速達成目標，再辛苦、再偏遠的位置她都願意，所以，她的升遷比她先生快一些，她也贏過她先生，早一步擔任校長，但她有考慮過她先生的想法和感受嗎？經歷這樣的風波，讓郁慧心力交瘁，校長的位置是佔到了，但她得到了什麼呢？

「沒事的，這些風波遲早都會過去的。我不會那麼容易被擊倒。」

「我相信眼前的風風雨雨算不了什麼，但我比較關心的是，妳要把自己帶往哪裡呢？」

她負氣離家數週，她的公婆、先生和孩子會怎麼看待這件事呢？當然郁慧的說法是，她在家裡和學校的兩個擔子，她得要選擇一邊。所以她選擇學校，把家暫時放下。之前她當主任時，也到過偏遠地區任職，每週有兩三天會住校，公婆和孩子已經習慣了。她不在家，也不會有什麼大事發生。

我關心的是如果她還要這個家，那麼，她未用心經營過的家，她要怎麼回去呢？她的先生曾打電話給她，而她只是冷冷的告知她先生，她還活著，如果她不幸被操死了，會有人通知他來認屍。

她對她先生有著許多負面情緒，他也知道她的學校發生了大事，卻從未主動關心和幫忙，還潑她一臉冷水，讓她十分受傷。她不屑接受她先生的關心和憐憫。郁慧的個性倔強，不易屈服。在我眼前，她的生命像一堆糾結的毛線。

我謝謝她的信任，願意找我談她的處境和心情；但我不得不明白的告訴她，我幫不上什麼忙。

「除非妳自己知道，妳要把自己帶去哪裡，否則沒有人能夠幫妳。」

郁慧對我的問題，一臉茫然。她似乎從未想過類似的問題，她很努力，但她可能真的不知道自己在家庭和工作上，究竟要的是什麼。

她願意藉著學校的問題來找我，我想她已經掙扎了很久。她不輕易向別人求助，事實上，對談到現在，她也不認為她有什麼不對。她有些錯亂，不知自己為什麼會陷入這樣的處境。她覺得自己一直都做得很好，很稱職，是這個學校有很大的問題，所以，校長一職才沒有人願意來接。

她在接任這個學校的校長前，也耳聞這個學校人事上的種種問題；但這是一個她可以提前接任校長的機會，如果錯失了，她不知還要排多久，即使排到了，她也得從偏遠地區做起。

如果她可以把這樣一個有問題的學校治理好，她在教育界就有一定的威望。對期盼要登上校長位置的她，並沒太多考慮，就爭取要接任這樣一所學校。

學校確實存在一些人事問題，所以她一上任就急著改革和表現，學校老師和職員當然會有許多反彈聲浪。

學校裡難免有幾位人格獨特的老師，容易和家長有衝突。

這次的事件給了她很大的衝擊，但她不認為是她的問題，因為她任職過的學校都不曾有過這樣的事件，即使有類似的事件，處理上也都很平順。

不過她沒有警覺她待過的學校，她是老師、組長和主任，而不是校長。

「這是什麼制度？學校一出事就要校長一肩擔下。」

郁慧的話，讓我不知該如何回答。她告訴我校長和主任的薪水相差無幾，主任和老師的薪水也差不了多少，有什麼道理校長要為老師的錯誤承擔如此大的責任呢？

選擇讓你安身立命的位置

郁慧可能累了，情緒有些錯亂。一個校長要承擔的也只是行政責任。從老師到主任、校長的工作，一直都是她自己的選擇。她為什麼要選擇校長呢？只為了薪水，還是為了她內在的夢想？

夢想實現了，該是人生最美好的開始。她可以享受自己一個人專屬的辦公室，可以決定事情該怎麼做，假可以准或不准，走到哪裡，別人都要為她的頭銜恭敬三分。

如果她佔有了那麼多的好處，卻不需要承擔或付出什麼代價，校長的職務似乎是個虛銜，當然不是每個人都適合或喜歡行政工作。

行政工作讓她減少上課的時數，主要是給她更多時間服務老師或學生的需要。校長並不是一個官職，更不是管轄領地的王，正確的名稱應該是教師兼任校長，就像教師兼任導師一樣。

權力讓郁慧忘了自己的身分嗎？還是一再的意外事件，讓她錯亂了自己的角色呢？

「妳當校長，妳想要得到的是什麼呢？」

許多人從未思索過自己期待得到的，就好像搭車一樣，到了這一站，很自然的就應該到下一站。政府的科層組織，有能力的人就應該往上爬，取得高薪和高位，但一定要這樣，才是有價值的人嗎？不是應該思考自己在什麼位置上，可以發揮最大的功能，把各種角色都扮演到最好呢？

工作只是生命中的一部分，我們還有家庭和社會，我們應該衡量一下志趣和能力，選擇一個安身立命的位置，而不是循著科層組織一直往上爬。

「高」未必就是好，當然職位愈高，薪資愈高，相對的，要在工作上付出的心力和責任也愈大。我們既然選擇了，就應勇於承擔。

郁慧不平的是，發生事件的老師並不是適任，她與這位老師已有多次衝突。老師不肯接受行政規範的約束和勸導，她已盡力協助，但還是出事了，卻要連累上她，她覺得很無辜。

這也是學校目前最大的問題，老師欠缺評鑑制度，對於不適任的老師，只能眼睜睜的看著他出事，沒有任何輔導或解任管道，導致有少數老師，在制度不全的夾縫中偷生，不願意學習成長，更不願意離開。

「現在比較好的選擇是什麼呢？」

人與人之間依賴的，是愛

校長該盡的責任已盡到了，就順其自然吧，讓這位老師接受應得的處分，面對自己的問題。校長也沒義務在他發生事端時，為他承擔行政督導不周以外的責任。郁慧和這位老師只有匆匆一面之緣，對他了解不多；但以他激烈的行徑，可以理解他是個很獨特的老師，尤其在情緒表達上，是如此的直接和以自我為中心。

許多的學者、專家誤解，以為老師是校園中的上位者，是校園的強權，但事實已非如此。老師在整個社會群體中，是相對的弱勢。校長在校園中也未必是強勢者，如果校長不被行政人員和老師所認同，校長很可能被孤立在校長室裡。

家裡也一樣，父母看似是強勢、擁有權力的人，但如果孩子拒絕與父母互動溝通，父母又能怎樣呢？權勢是很微妙的，最重要的是彼此間的良性互動。如果我們企圖要靠權勢讓別人屈服，我相信這是不易維持長久的，即使是軍警等單位，都有失控的時候。

權勢是不可靠的，人與人之間要依賴的應該是日積月累的愛與成功的存款。我們在平時就要很用心地去經營和儲蓄。許多人會迷失在權勢的追求，以為有權力、有地位，任何事情都可以搞定，那樣的時代已不復存在，現在如果不用心經營彼此的關係，那麼對方向媒體爆料和寫黑函投訴，就在所難免了。

「校長難為，父母也很難為。」

不能把它看成是困難，而是要很清楚，我們一旦扮演這樣的角色，就要做這樣的準備。一切都須學習。

我很清楚，我不喜歡、也不願意在行政工作上浪費時間。行政主管的頭銜，是許多人追求的，但名字的後面有個「長」、「主任」或什麼「官」，就代表著一個人的地位和能力嗎？當然有人需要這些頭銜，在十幾年前，我也曾經迷惘過，為什麼我要被一些沒有能力的人領導呢？擺脫的最好方式，就是讓自己晉升為主管級的位階。

但這些年，我愈來愈清楚自己要什麼。我要做一個平凡和簡單的人，盡量的減少有形和無形的佔有。頭銜愈小和愈少，我們就能愈自由；佔有和擁有的愈少，我們的心就能愈平靜和安詳。

「盧老師，我錯了嗎？」

我無意批評郁慧，任何人的選擇都沒有對錯，而是要了解自己想要的是什麼。

我們內在有許多莫名的驅力，要我們追求這個或得到那個；但如果我們很清楚自己要去哪裡，要過什麼樣的生活，我們就比較能適當的「取」和「捨」。

「我該辭去校長工作或辦理退休嗎？」

我無法給郁慧任何答案，因為只有她自己才最清楚，自己真正想要的是什麼，以及在什麼時候做最佳的選擇。

閱讀自己

郁慧做錯了什麼嗎？

她是如此的上進和努力，但為什麼會把自己的家庭和工作弄得一團糟呢？

我們的內在都有一個天平——我們的價值觀，會給我們許多輕重的衡量。財富和權位向來是左右我們最多的兩個重要的價值，我們常會因此忽略了「健康」和「愛」。

當我們攻城略地的征戰，佔有了我們夢想的目標。我們站立在高位，享受著最好的視野和風景。我們開始關心我們所愛的人，但曾幾何時，我們感觸到，被我們忽略已久的身心是如此的疲累，我們環視所有，才感受到我們的孤獨和無助。我們是自我領域裡的「王」、「專家」，周遭的人什麼都不是，我們在群眾中感受到一種陌生和疏離，我們的確很棒、很好，全世界都肯定我們的努力和成就。

「這是你要的嗎？」

「你真正要的是什麼呢？」

「你要把自己帶往哪裡去呢？」

「你要自己的現在和未來過什麼樣的生活呢？」

沒有對錯或好壞。

你做你自己要的一切，過你自己要的生活，就是自己最成功的贏家。否則贏得再多，你都還是個輸家。

再次的問自己：

「你要什麼呢？」

「什麼是你真正要過的生活呢？」

03 關於叢林
從迷惑中找到出路

郁慧從未仔細探索過自己要的究竟是什麼，她只是跟著社會的期待而努力，她從未認真盤算過自己的付出究竟要得到什麼。她只是專注的看著她要的目標，就奮力的往前衝。

「學教育一輩子，只會教別人奮發向上，做個有用的人，卻不知如何教自己過幸福快樂的日子。」

如果可以重新選擇……

郁慧聽了我這些話，更加不安。她從未思考過自己要什麼，她只是帶著一股不服輸的悶氣，一直往前衝。她曾立志要當老師，只因她受小學、國中老師的影響，而且考上師專，一生就會有保障，如果當上老師，無論走到哪裡都會被敬重。

她很努力讓自己維持優秀和傑出，她多才多藝，認真勤奮，是班上第一個取得大學學位，也是第一個拿到碩士學位，她還差一點是第一個考上博士班的；但她在主任的職務和學位中取捨，最後她放棄了追求學位。

她認為主任才是未來晉升校長的重要經驗，學位的影響好像不是那麼大，她選擇在校長的目標上努力。

「是什麼樣的經驗，讓妳做出這樣的決定呢？」

郁慧的家庭給了郁慧很大的影響，尤其是她的媽媽和繼父，如果她的媽媽是個有經濟自主能力的女人，她可能就會選擇單親；如果她的媽媽是個有權位的人，她的繼父可能就不會那麼的傲慢和重男輕女。

她和繼父的關係是很微妙的，她的繼父從未重視過她，甚至從未正眼認真看過她。她每次拿著很優異的成績單回家，繼父看了之後，沒有給予任何評語，等到看到弟弟也還不錯的成績單，才會給她讚許；但弟弟如果成績不夠好，她就會受到繼父的責備，要她不要太自私，要多注意教導弟弟的功課。

對弟弟，她有一種「嫉妒」和「仇視」；但她又需要弟弟當橋樑，才可以得到繼父的賞識。她一直都想遠遠地超越弟弟，好讓他永遠追不上。她弟弟沒有念博士，否則她一定會搶先一步。她弟弟讀完在職的碩士，她不甘和她弟弟一樣，所以又再讀了一個碩士。她自己也不是那麼清楚，究竟想證明什麼。

「如果可以重新選擇，妳會如何決定呢？」

當我們還是孩子的時候，有太多的人和事在我們眼前發生，我們不懂大人的想法和感受，我們有許多的恐懼和怨恨。

當我們年輕的時候，我們渴望成功，期待成為眾人注目的明星，希望富有，能隨心所欲。

於是，該擁有的我們都擁有了，該經歷的我們也都經歷了，不過，如果重新來過，我們會為我們的生命留下什麼樣的美好，會想剔除哪些不夠好的事物呢？

郁慧想了又想。她閉上眼睛，仔細尋找，如果她的生父不是那麼早逝，她的家一定會更快樂嗎？

如果她的繼父和她的關係很好，媽媽也懂得愛她，她的未來一定會比現在好嗎？她的先生、她的孩子可以再更好嗎？

值得一輩子探索的問題

「我不曾想過這些問題，我也不知道自己可以選擇什麼。」

郁慧只覺得自己和家人不夠好，但不知道自己要的是什麼。如果可以重新來過，她也不知道自己可以選擇什麼。

「什麼是理想中的妳呢？什麼又是理想中的另一半和孩子呢？」

我們一味地追求要更好、更棒，卻不清楚自己要的好是什麼。先生如我們期待的忠誠、體貼和認真，我們卻不懂得賞識和珍惜，這些特質不久都會褪色。孩子有著很好的品性和態度，但因一時的起落，我們卻不知要給予支持和協助，可能孩子就會與我們漸行漸遠。

每個人都期待別人對我們的看重和賞識，我們的父母、另一半、孩子和學生，他們都在期待著，而我們卻常搞不定自己，常在紛亂中追尋。

「妳經歷了大半的人生，妳在這一生中，要的是什麼呢？妳要過什麼樣的生活呢？」

郁慧不知為什麼笑了出來，告訴我這是她大學選修「哲學概論」討論的主題，她當時沒有認真思考，沒想到二十幾年後，又再遇到同樣的問題。

她一樣沒有真確的答案，她現在還是不知道，但如果這時候不用心去想，十年、二十年後，還是會遇到這樣的問題，這是一輩子要去反覆思考的問題。

「知道和不知道有什麼差別呢？」

郁慧有幾位同學持續了許多課程，他們一樣當老師和生活，也看不出他們有什麼不同。不知道和知道之間的差異是，知道會讓我們很安心的生活；知道會讓我們在面臨抉擇時，毫無猶豫的決定，因為我們有一把明確的尺，知道自己要什麼。我們的內在也會很清楚最好的選擇是什麼。不知道的人，就會起起落落，難以安心。

「盧老師，你認為我會要什麼呢？」

知道，不等於做「對」和做「到」

人的一生看似有一堆不同的目標和需求，但深入內在去觀照和探索，我們要的真的不多，西方學者研究人類有以下六大需求：

一、愛的需求。

二、安全感的需求。

三、表現創造能力的需求。

四、被認可的需求。

五、對新體驗的渴望。

六、自尊心的滿足。

許多時候，我們不知道努力的目的是什麼。如果對照這些需求，我們會找到一些方向。

郁慧的許多努力都在這六大需求中打轉，但滿足這些需求，最重要的是付出，而不是希望和期待別人。

「妳要什麼，妳就付出什麼給別人。」

郁慧原本想反駁，她自認為她已經做了很多；但事實上，她都沒有做「對」和做「到」，她只是有做。就像我提到這六大需求，她第一個反應是「我知道」。

可惜的是，她從未認真的探索，和真誠的面對。從原生家庭到婚姻生活、親子互動，她一直都缺乏「愛」，可是她卻不曾認真投資和經營。

郁慧一直處於沒有安全感的狀態，在工作中，她需求別人的認同和肯定。她當主任時，只要校長或同事給她回饋，她就全心投入她的工作，並想繼續得到更多的認同和肯定。

當了校長，她還是期待著上級的肯定和賞識，但她常被一些負面、不重要的資訊所打擾，慌亂了手腳，讓她的領導像無頭馬車，四處亂竄。她已經是一個要不斷給別人認同和激勵的角色了，卻仍舊等待別人認同的眼神。

她渴望有屬於自己的舞台，能獨當一面去表現自己的理念和創意。但行政和領導是很微妙的互動歷程，郁慧剛開始是期待著以自己為中心的領導，當她發現帶不動她的主管和同事，便開始想找一些支持的力量；但最後她仍堅持自己的決定，讓那些有熱忱，想提供想法，表現自己創意和能力的人，情緒上備受挫折，甚而群起抗爭。

因她的自尊心未受到維護，她在受挫的過程中，反擊她的先生，故意忽視、冷落她的孩子，躲在學校宿舍不回家。她在學校裡被自己的自尊心孤立在校長室，如果不經由自我探索，明白自己內在的需求，她是無法從這些紛亂和糾葛中走出來的。

「當妳開始懂得自己，妳就會明白，妳周遭的是是非非，都是表面的問題。」

因為大部分人不懂得自我探索，了解自己需求和應對間的微妙起落，所以會製造許多問題給自己和周遭的人，這是一個終生要持續學習的課題。

不幸福、不快樂，一定有原因

遇到人際之間的衝突，我們要先探索自己的需求是什麼，接下來則是去了解對方要的是什麼。

「他在討愛嗎？或是期待被關心和了解呢？」

「我們讓對方覺得被侵犯和不安嗎？」

「他期待別人的看重和認同嗎？」

「他想要有表現自己的機會和舞台嗎？」

「我們觸犯了他的自尊心了嗎？」

「他對過去的互動方式感到厭倦嗎？」

如果我們能了解這些，人與人之間的互動就會變得容易。

郁慧的先生對她冷嘲熱諷，他需要的是什麼呢？我相信一定不會是郁慧這種生氣、拒絕溝通的態度。如果能用求助的方式或謝謝先生的關心，我想是比較符合先生的期待，但最重要的是，郁慧要先了解自己在婚姻中要的是什麼。

「我覺得婚姻是件很累人的事。」

郁慧的先生有過外遇的傳聞。她和先生已經分床多年，她覺得婚姻不過是傳統的包袱。即使先生有外遇的傳聞，她也從未追究，因為她根本不在乎，如果有人要接手她的先生，她會無條件奉送。

她和先生各自有自己的生活和工作，很難有交集和對話，只是生活在一起，彼此滿足有個家的需求。

偶爾她和先生有一些對話，也都是為了孩子。她是孩子的媽媽，先生只是孩子的爸爸。

「妳不曾愛過他嗎？」

「愛？或許年輕時不懂事，曾經有過吧！」

我實在無法理解，兩個沒有愛的夫妻，如何共同生活二十幾年呢？

「妳先生快樂嗎？」

郁慧看了我一眼。她很茫然，這二十幾年來，她從未關心過先生是否快樂。

「妳快樂嗎？」

郁慧沒回答，眼淚卻滑了下來，她不曾認識快樂是什麼。

「妳幸福嗎？」

擁有高學歷，嫁給了一樣從事教職的先生，生活穩定，有表現很好的子女，她應該很幸福才是；但郁慧從未看見她擁有的一切。

她的眼裡，只有她未得到的。她未當上校長之前，很努力的想得到這個位置，為此付出一輩子的努力。

她的不幸福和不快樂，一定有原因。她心裡想，只要得到她要的一切，她就幸福快樂了。

放下社會對你的期待

「可是我當上了校長，為什麼幸福和快樂卻沒有到來呢？」

郁慧很難過的流下淚水，她講述時有點像在開玩笑，她自己也覺得很幼稚，但多少人在追求目標時會清楚的知道，我們的努力和目標是無關的呢？

最重要的是郁慧從未仔細探索過自己要的究竟是什麼，她只是跟著社會的期待而努力，她從未認真的盤算過自己的付出究竟要得到什麼。她只是專注的看著她要的目標，就奮力的往前衝。

「學教育一輩子，只會教別人奮發向上，做個有用的人，卻不知如何教自己過幸福快樂的日子。」

我保持著沉默，郁慧經歷這麼多的辛苦歷程，其實已經明白自己的努力和佔有，和幸福快樂都無關。

我很想明白的告訴她，她從未追求過幸福和快樂。她只追求外在的成功和地位，怎麼可能得到幸福和快樂呢？

「我是個失敗者。」

郁慧放下校長的光環，承認自己是個失敗者。我卻不這麼認為，郁慧是成功的，她追求的目標一一實現了，不是嗎？她只是不知道自己要什麼，就訂下了目標，並且拚命努力。如果她在努力之前能再三的思考和探索，在生命的天平中，仔細的衡量，她會得到她真正期待的成功。

郁慧雖是位女性，卻充滿著男性的企圖心和行動力，比較可惜的是沒有人告訴她，在努力之前，要先了解自己的方向和目標。

大部分的人都不知道自己真正要的是什麼，因為整個教育過程，都只期待著我們努力奮發向上，做個有貢獻和有價值的人，卻沒有教我們如何探索自己要的幸福和快樂是什麼。

「盧老師，你要的幸福和快樂是什麼呢？」

郁慧很好奇，像我這樣四處演講、寫書又要進修的人，要的幸福和快樂是什麼呢？

「過簡單和容易的生活，不貪求自己不需要的一切，保持著內在的寧靜和歡喜。」

我的人際關係很簡單，除了家人，我很少有應酬的朋友。上班工作之餘，我一定是回家煮飯、做家事，逗太太和孩子開心。我很少看重金錢和頭銜，我知道錢夠用的真正意思，就是讓自己用最低的消費，過最富足的生活。

我喜歡吃天然、不加工的食物，穿舊衣和舊鞋。家裡和自己要添購任何東西都要思考，再思考。我考慮的不是錢，而是空間。不讓任何無用的東西佔據家中僅有的空間，因為我們家已經有太多少用或用不到的東西。

我的生命已經有太多包袱，如何讓自己清淨自在，是我努力的目標。

「你每天生活那麼忙碌，都在忙什麼呢？」

郁慧無法理解，每天行程排滿滿的人，竟然什麼都不多要。對我而言，擁有的已經足夠。生命能被看重，而有機會多付出，為什麼要拒絕呢？

我無所求，也無所拒。就像郁慧這樣突來的訪客，只要我時間容許，我一定不吝與之分享。只期待這樣的分享，能給予她一切幫助。

「我不知道接下來我該怎麼走下去。」

郁慧已經可以退休了，可是她不知退休後能做什麼。她也可以繼續做到任期屆滿再卸任，回任老師去帶班級，不過她一想到就覺得渾身不舒服。

她一直都有一種觀念，在學校優秀有能力的人才會做行政工作，沒有能力的人才會甘心做一般的教師。如果要回任教師，她寧可退休。

我去過至少兩千所學校，從小學到大學，都有人把行政當官來做，還好現在都有任期制，時間一到就要卸任。有什麼道理，行政工作得一直續任到終老呢？我也見過許多擔任過主任、組長的回任教師，在中小學確實是比較少見校長回任教師的。

我分享我的看法，一個熱愛教育的人，在基層做第一線老師，才能夠真正實踐自己的教育使命和熱忱。有些人或許認為，行政工作才可以讓自己的理想有更大的發揮。

把一所學校辦好，讓每個孩子都能快樂學習，都能從教育的過程中找到努力的方向和目標，並積極的為自己做出最大的努力，這樣的校長和主任是令人敬佩的；但郁慧當校長，她的使命和理想是什麼呢？

我看過他們學校的網頁和簡介，我看不出有什麼特殊的；但教育也未必一定要獨特，穩固踏實地執行教育政策和目標，默默的付出也該得到應有的賞識。郁慧究竟要什麼呢？

「年輕時有想過，任職校長前也有規劃；但真正就任，卻被人和事磨到面目全非，已無心力去思考了。」

郁慧很坦白。在任何職場其實都一樣，大部分人最後都是上班等下班，週一就期待著週末放假，算著退休的最佳利益點。

教育人員在這個時代已經是一種職業，只是社會對這樣的職業有著過高的期待，希望教育人員除了領一份薪水之後，有更多愛心和耐心的奉獻。

我不認為這是合理的，除非社會對教育人員有著特別的尊敬，否則有什麼理由去期待領一份薪水的工作，放學之後，還要繼續為學生的事務而操心呢？

問自己，究竟要什麼

「時代的確不同於以往了，老師的地位也一日不如一日。」

我認為老師如果能夠覺得，這份工作不是為了別人，而是為了自己的學習和成長，願意付出所有，我想老師要贏得社會的特別尊敬，還是很有可能的。

我們在工作上付出什麼，我們就會得到什麼。如果我們付出的只是時間和勞力，我們就只得到一份薪水；如果我們付出熱忱和使命，我們將得到豐富的生命和精采；如果我們願意像農夫一樣，在學校散播愛與希望的種子，那麼我們在未來就會看見生命土壤裡，長出愛與希望的花朵和果實。

「妳要什麼，妳就得到什麼。」

如果郁慧要的是校長的頭銜和地位，那麼她得到的就會只是個空殼，其實她自己真的不知道她要的是什麼，她只是很努力的朝著社會期待的目標往上爬。

這個社會衡量一個人的成就，除了地位，就是財富，從事教育能怎樣證明自己的成功呢？除了當校長，還有比這更成功的嗎？

「當上校長就真的成功了嗎？」

郁慧開始質疑自己這幾年來的辛苦和努力，究竟得到了什麼？如果當上校長不算成功，還是好的校長嗎？怎樣才是好校長呢？

是堅持自己的教育理念，堅守著以學生為中心，絕不接受任何關說的公平和正義原則？

還是把上下關係做好，能夠處處逢源呢？

「這沒有絕對的標準和對錯，就看妳自己要什麼。」

和郁慧的談話一直都圍繞著這個話題，她有點焦躁不安。如果她知道會這樣，她就不會紆尊降貴，來找我談問題了。

但她必須清楚自己的「不知道」，這是一個很困難的認知。

我們怎麼會不知道自己要什麼呢？但這世界上又有幾個人真正知道呢？

「清楚知道自己的不知道，就是真正知道的開始。」

如果我們不知道自己的目的地，我們就更不可能知道要把孩子和學生帶往何處。

郁慧比其他人超越之處就在於：她願意承認自己真的不知道，大部分人都是不知道，卻假裝自己是先知和專家，帶著一群年輕的生命闖進無知的叢林而不自知。

閱讀自己

當你專注於自己真正想要的人生，就會一直在自己的路途上。

你活著，真正要的是什麼呢？

你要把自己帶往哪裡去呢？

找到你生命的指南針，你就會擺脫生命的叢林，生活在美麗的花園或廣大無涯的草原。

04 關於探索
正視自己的心，從「心」開始

郁慧的自我揭露，有如打開她緊悶的壓力鍋，會讓她自己舒服和好過一些。亮麗和幹練的外表是她想讓別人知道的，脆弱和不安的內在，卻是她一直想隱藏的自我。

挫折，是重新檢視自我的好機會

郁慧經過這樣的對話，心情放鬆了許多，她想要知道如何重新開始。

「大部分人都和妳一樣紛亂，我的內在也經常處於紛亂的風暴。」

為了鼓勵郁慧勇於面對真實的自己，我剖析了自己的心經常像風般飛舞，我並不了解自己真正想要的是什麼，我之所以能夠讓心享受當下的寧靜，是因為我真的了解，做一個「觀照者」，而不是「操弄者」。至於心起浮亂舞，就隨它去吧。

看著內在的瘋狂和任性的心緒，我們終會了解，我們真正想要和需要的並不多。一個男人經常會受到性的誘惑和幻想，但一個男人終究會回到愛他的女人身旁，他需要一些時間和空間去認識自己真正的需要。

「生命來到這樣一個位置，我們的旅程已經歷大半，過去無法改變，未來卻可以重新選擇。」

「妳要什麼呢？」

「什麼樣的人生是妳期待的呢？」

「妳要過什麼樣的生活呢？」

「怎樣的選擇會讓妳每一分每一秒都快樂和幸福呢？」

我們所有的努力，如果都和自己期待得到的一切無關，我們有什麼理由再浪費生命做這些努力呢？最重要的，我們要明確知道自己要的是什麼。財富和地位在郁慧這樣的年齡，都已不再是努力的目標。除此之外，什麼是她努力的目標呢？

「我不知道，我真的不知道。」

這是多麼棒的答案，我不知道，我真的不知道，我花了大半的人生才了解的道理。如果知道自己的不知道，我們就會放鬆腳步，不再虛耗能量和生命，去為我們不想和不需要的目標而努力。

「什麼是妳不需要佔有的呢？」

「校長的職位？」

「一個被肯定和賞識的人？」

「更多的收入？更大的影響力？」

我希望郁慧能用些心思去整理內在的需求，先明確列出我們行囊裡多餘的佔有和期待。如果郁慧沒有當上校長，許多的需求都是想像，但現在她已經攻佔她夢想的山頭，她也已經發現這裡不是她要到的地方，她還有什麼是不要的呢？

「如果妳知道妳已是絕症末期，只剩一個月可以存活，妳想做什麼呢？」

郁慧的眼淚飆了下來。她的媽媽就是個癌症患者，每天為了多活幾年而努力；但如果不知道自己要的幸福和快樂是什麼，多活幾年和多活幾天又有什麼差別呢？幾十年的生命，回頭一望還是一片空白。生命的價值不在於長久，而在於我們是否真的擁有自己要的一切。追求名利也沒有什麼不對，我們如果很清楚自己要的是什麼，我們仍然可以享受所有名與利。

如果我們只是想佔有，而不知自己內在真正的期待是什麼，佔有只是虛幻。郁慧很努力的追求社會期待的價值，成為一個成功傑出的人。

她真的很優秀，還好所有的努力在這個時候撞到壁，讓她有機會重新檢視和思考。

生命無論如何都會過去，在歷經的過程，我們自己會提升和增長什麼樣的價值和內涵呢？在公務的體系，我不是一個傑出的公務人員，自始至終都在同一個位置，做相同的事。

二十幾年來，我很清楚，我的價值不在於我的頭銜是什麼，而在於經過我手上的生命，和我有過的經驗。或許只是淺淺的影響；但我都期待這些小小的影響，將改變這些孩子未來的生命。

我希望郁慧看到的不只是工作和職位，而是眾多的生命在和我們共創難得的經驗。我們的原生家庭、另一半、孩子、同事和學生，所有的經驗都創造了生命的色彩和價值。

生命，不一定要非凡和偉大

「盧老師，你比較偉大。」

我長嘆了一口氣。

我要傳達的不是這樣的訊息，而是想讓郁慧了解，生命不一定要非凡和偉大，但一定要有廣度和深度。頭銜和職位、薪水都是有限和短暫的，如何看見人與人之間相互合作及互助的過程，才是重要的。

任何人在任何一個位置，所做的任何事情，都是有意義和價值的，就如同我們手上，每一個年輕的生命，不管他的表現和成就，他們都是生命，都是尊貴和重要的。

我們的努力如果能在他們的存摺中，存入這份愛與成功的存款。我們不是付出，更談不上是奉獻，而是我們在成就生命的意義和價值。

人活著不只是生活和工作，不斷的追求和佔有，更應深入我們的內在，去滿足我們對生命的意義和價值。

「從心開始，就是先讀懂自己的努力和忙碌，真正期待的是什麼。」

西方人為了休閒而工作，如果不需要工作就可以休閒玩樂，他們未必會工作；

但一個人只是佔有和消費，是無法達到內在真正的喜樂。工作的意義不純粹是為了取得生活所需，更應是對人的關懷和付出，這只是「焦點」的轉變。

當校長和主任或一般的老師，並沒有什麼差別，如果我們只是為了一份薪水，付出時間、勞力和腦力，賺到的只是一份薪水；如果我們看見我們陪伴的是一群生命，在一起學習和成長，我們賺到的就不只是一份薪水，而是生命的豐富和價值。

「妳要什麼呢？是做一個散播愛與希望的園丁，還是一個為生計操勞付出的人呢？」

郁慧很本能的反駁，這些道理她都懂，她的學識和經驗都比我豐富。誰不知道教育工作者和父母是生命的園丁呢？誰不知道我們要做一個付出、分享，有價值和意義的人呢？

但這不是知識，而是生活的態度和習慣。在過往幾十年的生命裡，我們都在追求知識，要知道更多、更好、更有價值的知識，讓我們通過各種的考試和晉級；但只是知道而沒有實踐，那麼知道只能讓我們得到表象的一切，卻不能提升我們的生命。

郁慧比大多數的人都有智慧和勇氣，她坦承自己內在的無知和恐懼。大部分人都自我麻痺，放棄了自我的探索和提升。每天盡最大的努力，演出專家、學者和領導、統御者的角色，一旦退下舞台，換下亮麗的華服，他們的人生就一無是處，只剩下延續生命。

大部分人努力工作，只是在為退休而做準備，但退休之後呢？人生就這樣走完了嗎？

「妳期待妳有什麼樣的一生呢？」

郁慧的原生家庭給予她很大的影響，她要傑出，要優秀，要出人頭地，要受人尊敬，要做一個有價值、有貢獻的人。

她要揚眉吐氣，她不要做一個被人瞧不起、懦弱、沒價值、沒志氣、委曲求全、沒錢、沒地位的人。

郁慧在陳述到她不想要的一切時，心中充滿著過去的傷痛。重組家庭的確對她造成很大的傷害；但這已是二、三十年前的經驗，為什麼她未能從這樣的經驗走出她自己要的生命呢？

她的努力的確讓她得到她要的位階，可是為什麼她仍無法過著幸福快樂的生活呢？

愛不是口頭說說，是一種經歷

「妳沒有得到妳真正想要的。」

很顯然，郁慧要的都是表面的價值。她從未深入去探索自己，要這些價值真正的內涵是什麼？

她要「傑出」，要「優秀」，要「出人頭地」，要「受人尊敬」，要做一個「有價值」、「有貢獻」的人，她要「揚眉吐氣」。但她真正要的是什麼呢？其實她真正要的除了「愛」以外，別無所求。

她所逃避的「被人瞧不起」、「懦弱」、「沒價值」、「沒志氣」、「委曲求全」、「沒錢」、「沒地位」，其實也是在討媽媽和繼父的「愛」。

如果郁慧不明白這些，只是拚命的努力和追求，她仍然得不到心中的幸福和快樂，當然，她也就難以和自己和諧相處。生活和人際關係的錯亂，便是可以理解的了。

「我就是缺乏愛，我就是不懂得什麼是愛。」

郁慧的情緒有些失控。一個人要坦承自己不懂得愛與被愛是一件很困難的事，我也不懂得什麼是愛。因為愛不是知識，而是「經歷」。

愛一直都存在，只是在我們的心裡，愛如果不在，我們便無法經歷「祂」。

郁慧以為我要她信仰某種宗教。對我而言，「神」不是特定的稱謂，祂是一種經歷，當我們的愛是在的，我就會與神相遇。

我們會了解神真正的面目，「祂」屬於每一個人心靈深處的覺知，不需要、也不適合用任何的言語形容「祂」的存在，所以真正的關鍵不是神，而是愛。

「妳的愛在嗎？」

對先生、對孩子、對父母、朋友、學生，我們的「愛」在嗎？大部分時候，愛是不在的，只有偶然的片刻，我們經歷了愛；但大部分時候，「愛」並不屬於我們所有。能坦然的面對，我們就可以從惶恐中解脫出來。

我們不僅不懂得「愛」，愛還經常是陌生和遙遠的經驗。

我們感受到最深的愛是來自母親，抱在懷裡，生病時的守候，在孤單受難時無條件的接納、無條件的付出和默默的祝福。

郁慧的童年正值父母婚變，母親因家計的勞累，有許多情緒。郁慧得到的大部分都是負面的經驗，她渴望能夠得到父愛，但得到的卻是一連串的失落。她的婚姻只是和另一個男人共同生活，只在結婚之前有過短暫的甜蜜生活，她與孩子之間關係十分疏離，主要原因是孩子出生不久就由公婆幫忙帶，她與公婆之間的關係又不太融洽。

一路走來，她一再的錯失體驗愛的機會，她只有在工作上力求表現。為了工作，她會努力表現出對學生的愛；但她很清楚，這只是表演，她並不懂得什麼是愛。她做了許多事，都以愛為名，卻讓被愛的人滿身是傷和痛，她放棄了對愛的期待與努力。

直到她當上校長，她才領悟到，看別人當校長輕鬆自在，自己卻倍感壓力，傷痛連連。

疏離是她的全部

「我覺得很累，很想休息。」

郁慧已經可以退休了，她想到的不是收入的多少，而是退休後，她不知自己要過什麼樣的生活。如果每天都和公婆孩子窩在一個屋子裡，她一想到就有點呼吸困難。

這幾年來，她寒暑假都待在學校，即使沒事，她也要撐到天黑了再回家。在學校，她有自己的空間，回到家，她只能把自己關在窄小的臥室裡，要不就是廚房和陽台。有事可以做倒還好，沒事要陪公婆看無聊的連續劇，她寧可躲在自己房間上網或整理資料。

郁慧坐擁所有的成就和權位，卻是如此的孤單和無助。我不明白這二、三十年的婚姻，她難道都未覺察這樣的生活和生命並不是她的期待？她都沒想要改變嗎？

當然，有好幾次，她提議在公婆家附近買房子，但都造成家庭風波。她的先生覺得自己是長子，有義務和責任留在父母身邊照顧父母。她的先生事實上也很有責任感，家中大小事，除非不得已，他絕不麻煩到她，總是一肩扛下來，即使有事也很少找她商量。

她不知道自己在家裡算什麼。家是公婆的，她勉強只有自己的房間，孩子是她生的，但大部分都是在公婆房裡養大，先生是她的，卻不知他在這個家裡忙什麼。她像是個客人或借住的外人。

她和娘家的關係也很疏離，家中有事，她弟弟都會承擔。逢年過節偶爾會相聚，但即使是吃吃飯、坐坐聊聊，她也未深入了解她的家人。她的家人也從未真正認識她，最重要的，她也不了解自己。

在工作上，她一心一意只求表現。和同事表面上有良性的互動和溝通；但她一直在經營自己想要的一切，很少與人有深度互動，更遑論表達關懷。

在人群裡，她覺得「孤單」和「疏離」。自己一人獨處時，她總要找一些事給自己做。她無法和自己單獨相處。

在遇到我之前，她不曾和任何人深入聊過這些問題。郁慧是看了我好幾本書，書中許多的描述都談到她的內心深處，她才鼓起勇氣揭露自己。

佔有得剛剛好，才會自在快樂

這是很不容易的事。每個人其實都和郁慧類似，他們以為自己有要好的朋友和家人；但人與人之間的了解都是很有限的，我們只是在一起共同生活，彼此靠在一起相互慰藉取暖而已。

我們的形體相近，經常有言語的往來；但我們彼此的相知仍然有限，就如同心理學上的分析，我們有公開的自己，是自己和別人認識的；也有外顯的自我，是別人知道和認識的，但自己卻未必了解到；另一部分是內隱的自我，是我們知道，而別人不了解的；更大的部分是祕密隱藏的自我，是我們自己和別人都不曾認知和接觸的。

郁慧的自我揭露，有如打開她緊悶的壓力鍋，會讓她自己舒服和好過一些。亮麗和幹練的外表是她想讓別人知道的，脆弱和不安的內在，卻是她一直想隱藏的自我。揭露了自我的隱私，她可以和外界有更多自然的互動。蓋子打開，她才會了解自己並不是異類。但大部分人都用類似的模式在生活，他們不願去揭露自己，寧可讓自己的隱痛藏著，和自己以外的生命隔離。

「妳是很健康和正常的，而且妳一直很好。當妳準備好一切，妳就會發現，先生和孩子，家和學校一直都很OK的。大部分人都不知道自己在做什麼，為了什麼活著。」

有許多人像郁慧一樣，不知道自己要去哪裡，卻猛加油往前衝，也有人安於自己所有的一切，也有人是把自己的不安向外宣洩，或放棄努力，或隔絕一切的溝通。

沒有什麼樣的人才是正常或不正常，大部分人都只是在謀各自的基本生活，只有少數人在各種需求都得到滿足時，才會更進一步的期待自己的未來。

知道自己「要」和「不要」什麼，我們的內在會很安寧和平靜。生命的許多驚濤駭浪，都會如浮光掠影。人生並非無常，它一直有著規律和秩序。我們要結什麼樣的果，就必先播什麼樣的種子。今天我們所做的，就是明天我們所得到的。

但大部分人都不願認真去思考，我們為什麼活著，我們要把自己帶去哪裡，只是計較著眼前的得失。只要能拿、能取的毫不鬆手，也不問自己是否需要。

只要有免費的招待或贈品，就一窩蜂地搶取，眼睛總盯著更高和更好的權位，從不多思考自己的能力和適合與否。只有經歷內在深層思考的人，才會謹慎的取和得，毫不考慮的捨和放。人生要自在和快樂，就要佔有得剛剛好。

「盧老師，謝謝你的開示。」

這些道理都是郁慧常放在口中開導別人的，我並不是在開導她，而是我每日提醒自己的「警示」。

人的一生經歷了五十年，如孔子所言，才稍微了解自己和開始知天命。我希望郁慧能了解我的善意，她是這麼棒的一個人，只因對自己的不了解，而讓自己的人生錯亂，實在是不值得。

即使是孤島，也能充滿樂趣和快樂

「我該從哪裡開始呢？」

我很高興聽到郁慧這樣的問題，這表示我的努力，讓她找到了方向。

所有的問題，都在自己的內在。明確自己要的人生和要過的生活，讓自己在生活的片刻中，不斷的學習和提升。了解任何事的發生沒有好或壞，只要留心我們的注意力，是不是永遠放在我們要去的方向和目標。我的建議是，希望郁慧能花些時間去探索自己究竟要的人生是什麼，要過什麼樣的生活。

「我要……？我不要現在這樣。」

這真的不是一個容易的問題，我們要明確知道自己要的是什麼，是需要一些時間和自己對話和自我澄清的。郁慧很清楚她不要現在過的生活，所以第一步要先知道她現在過的是什麼生活呢？

「孤單和紛亂。自己像一座孤島。」

這是大多數人的內心狀態。在都會的生活，在充滿壓力的工作和家庭裡，大部分人都像一座孤島。要了解的是島孤，人不孤。每個人都是一座與別人不相連的島，我們要安於我們的單獨和孤立。

如果我們急於脫離這樣的狀態，我們會更紛亂，因為不管我們再怎麼努力，我們和其他人都還是會有著距離感和疏離。

即使是戀人、親子或夫妻，仍都會有一定的距離和生疏。有距離不是問題，我們是否能和自己好好相處，讓我們的島充滿著樂趣和快樂，就不怕沒有訪客來到。

訪客來來去去，孤島還是個孤島，安於我們是「單獨」的島，學會享受寧靜和自在。

「寧靜」是內在沒有任何的對話，「自在」是享受一個人的獨處，無拘無束，隨心所欲。

「盧老師，你像個哲學家。」

郁慧放鬆了她的緊張，接受了自己的緊張和壓力，了解自己並沒有什麼問題。她只是需要一些時間重整自己。只要願意轉變，人生就會有不一樣的結果。

我給了郁慧這樣的功課：

一、每天都祝福和感謝自己。

二、隨時都能看見自己的喜悅。

三、知道自己可以不要什麼。

四、了解自己一定要的是什麼。

五、珍惜每一個播種的片刻，只給自己的未來種下歡喜和幸福的種子。

郁慧帶著輕鬆和幸福的笑容去做這一系列的功課。我計畫與她進行十次會談，讓她找到她要的幸福。

閱讀自己

探索自己，從心開始！

你為什麼煩惱不安？

你為什麼生氣？

你為什麼不快樂？

以上這些都不是我要教你的探索，這些不好的問題會帶你到垃圾場。

每天和郁慧一起做這份功課！

一、每天都祝福和感謝自己。

二、隨時都能看見自己的喜悅。

三、知道自己可以不要什麼。

四、了解自己一定要的是什麼。

五、珍惜每一個播種的片刻，只給自己的未來種下歡喜和幸福的種子。

05

止息
與真正的自己相遇

曾經探索自我的人，內在會保持寧靜，因為他了解自己的軌道和去向，能夠安心享受當下的片刻，而不是在過去和未來的經驗和幻想中動盪。

也許生活並不會有太大的改變，但我們會有不同的品質。坦然面對自己，並與周遭的生命和諧相處，互利共生。

別拿別人的目光懲罰自己

和郁慧再次見面，她沒有帶來家裡的問題，也不想提工作上的困擾。她告訴我一週來她更加的紛亂，但她想感謝自己，因為她內在一直有一個聲音告訴她，她做得不夠好，她不值得任何的賞識。

她回家了，但大家對待她卻像空氣一般。她有一段期間沒有回家了，婆婆只冷冷地問她工作忙完了沒，先生也沒有多說話，孩子似乎有意躲著她。

在學校裡，她依然被孤立在她的校長室。除了公事，很少人會在這裡逗留。她找機會到各處室，但除了公事，大家都不知道要和她談什麼。到校園走走時，她很習慣去糾正打掃不乾淨和秩序欠佳的學生。

她看到閃躲她的師生和冷漠的眼神，覺得自己好孤單，而原本在辦公室聊得很開心的同事，一見她出現，歡笑就沒了。

她躲在校長室，忍不住掉下淚來。她寧可回到以前擔任主任時，大家都只有一個注意力，就是校長的眼神和意見。當時彼此都還是一體，她覺得她還有朋友，偶爾她和過去的同事聯絡，大家也都互動得很好。

但現在為什麼她無法和學校內的主任、老師有很好的互動呢？每天她幾乎都有會要開，她覺得她不是校長，她是個演員，誤闖了校長室，坐上校長的位置，假扮自己是一個校長。她不再堅定和果決地處理事情，她開始擔心和懷疑自己的決定真的是對的嗎？

「我該怎麼做，才能繼續假裝和表演所有的角色？」

郁慧看起來很憔悴，她真的需要有人懂她，做她的朋友，陪她走這一段路。因為她之前未曾思考過自己真正的需求和期待，也未曾用心經營和投資她家庭和學校裡的「人」。

她對家庭只是給錢，她對學校只看到如何把事做好。她眼裡很少注意到「人」，更不知道要經營和投資人的關係，當然別人對她的回應，也是著重於「錢」和「事」，不會注意到她這個人。

事實上，她過去也一直和他人保持距離。每個人都是單獨的個體，在家裡如果不用心投資和經營，家就會成為一棟沒有情感的建築物。

在工作場域，如果我們不用心經營，我們就會像一部機器，真的只是在賣時間和勞力換取薪水。

經營是在生活上一點一滴的用心投資，注意周遭每個人的想法和心情，並利用時間和空間去培育人我的關係。最重要的，我們要清楚自己要什麼樣的生活，如果我們喜歡獨處，喜歡個人主導一切。如果我們在乎事情的「成敗」勝於彼此的「情感」，那麼「事」的重要性勝過「人」，我們的經驗可能就會不一樣。

「妳要什麼，妳就得到什麼？妳現在付出什麼，未來妳就得到什麼。」

「妳要什麼呢？」

「妳希望自己是什麼樣的人呢？」

「妳要過什麼樣的生活呢？」

「妳必須清楚自己的需求，才能知道現在該怎麼去經營和投資。」

大部分人的生命都是不經思考的，走到哪裡都不知道。有些人安於現狀，有的人卻是盲目的隨波逐流。父母期待什麼，他就努力什麼。社會期待他隨著不同的階層做努力，他就一步一步的往上爬。

這沒有什麼好或不好，只是當我們成功的達成人生的目標，我們也不知道是否該繼續努力爬得愈高愈好，佔有愈多是否就表示自己愈有能力和成就？

這只是生命的一部分，我們要因應別人的期待而努力，但並非全部，我們有很重要的一個部分，就是認識自己真正的需求，為自己而做的努力，為自己的付出，我們會享受過程，並在達成時慶祝和安歇。

「我觀察我周遭的人，好像沒有幾個人知道自己要做什麼，要過什麼樣的生活。」

最難溝通的是自己，不是別人

郁慧因自己開始思考，也才注意到，真的沒有多少人曾深入的自我探索，大部分人都是忙著完成父母、老師的期待，等進入社會工作，又忙加強讓自己的能力應付工作，好讓上司滿意和賞識，並計畫著晉升的路線，一步一階地往上爬，但即使爬到最高位階，很可能都不知道他為什麼辛苦，為何忙碌。

「知道和不知道有何差別呢？」

郁慧的問題問得好。如佛教裡開悟和不開悟的人有何不同呢？一樣要吃飯和睡覺，在外表上應該沒有太大差異，但內在一定是完全不同的。

曾經探索自我的人，內在會保持寧靜，因為他了解自己的軌道和去向，能夠安心享受當下的片刻，而不是在過去和未來的經驗和幻想中動盪。也許生活並不會有太大的改變，但我們會有不同的品質。坦然面對自己，並與周遭的生命和諧相處，互利共生。

如果再早一點讓郁慧了解這些，或許幫助不大，因為她的一生都非常平順地得到自己所要的一切。要不是因為孩子的問題，也不會觸發她來找我的動機。

自我探索是很有趣的歷程，我們因生活或工作上的問題尋求解答，卻會在探索的過程，一而再地發現，問題根本就不曾存在，一切都是如此的自然和美好。

「這才是人生真正的學問。」

郁慧經由我的解說，愈來愈能了解，她已走到人生的胡同裡，她必須為自己找到全新的出路。諸多的問題糾結，將會是指引未來的恩典和禮物。

「這世界上，最難溝通的是自己，而不是別人。」

郁慧的發現是很有體悟的。她發現她在思考問題時，內在總是充滿著各種不同的聲音和對話，她需要不斷地說服自己，承認其中之一是對的，並且是有用的。

這是很棒的發現，藉由這樣的發現，我們會諒解周遭的人。沒有人是故意找我們麻煩或和我們作對，他們自己也不知道自己的言行是怎麼來的。

我們會因此比較不去在乎別人的想法和感受，因為想法的形成是經歷無數的對話，而一個未經自我探索和思考的人，根本就不會知道自己的想法或做法，究竟是在期待什麼樣的結果，我們只是一直在做和說，就像政論或時事評論的名嘴一般，滔滔不絕的陳述和評判。

如果仔細去了解這些人的對話，就是頭腦內部的運作，不停的有許多思緒和對話；但我們不明白自己說了那麼多，做了那麼多的努力，要得到的是什麼樣的結果。經由自我探索過的頭腦，會有所選擇，也會有與自己要得到的結果相關的資訊，如此，我們才會避免被打擾，也才能保持內在的平和及協調。

傾聽自己，學會挖掘深層的能量

「當我們學會和自己有效溝通，我們和外界的互動，就不會有困難。」

溝通不是言語，而是不同生命經驗的交流。我們的內在也是如此，才會引發對話。我們若能細心傾聽這些對話的根源，便會有一種深刻的了解，原來在我們生命中流經的種種經驗都不曾磨滅，一直都是我們生命的一部分，一直「存在」腦內硬碟中，隨時都可能影響著我們。

如果我們知道此時此刻我們的任何言語和作為，正在創造未來，就不會輕易的把負面和不愉悅的經驗存入生命的磁碟。

人的情緒是飄浮不定的，當我們累了或遇到煩人的事情解決不了，就不可能有耐心去處理人際互動的關係，尤其是夫妻和親子之間。日常生活中愈是親近的人，愈容易展現情緒失控的一面，而我們一直努力和偽裝表現出最好的一面，通常都是給和我們關係不深的人。因而我們帶給最親近的另一半、父母和孩子的傷痛，也就特別多，如果我們注意到這些，我們會很悲憫地了解，我們一生的努力都是為了父母、孩子和另一半，很少用心關照我們自己的想法和感受。

我們不懂得好好的愛自己，只是不斷地耗損和折磨自己，表面上我們一直為自己而努力，事實上卻非如此，一個懂得愛自己的人會讓自己保持內在的平和及喜悅，讓自己的心常注意到的是此時此刻的滿足，在煩擾不定的世界，我們需要的不是改變這個世界，而是用不同的心境去看世界，世界看似紛擾不斷，但這個世界一直都很規律和正常。

人的頭腦總是為著過去的種種和未來而擔心和煩惱，即使在最優渥和堅實的環境，這種擔心和煩惱也是永無止境的。

「看見來自頭腦的紛擾，我們才能看見真實的自己。」

我們的頭腦從未停止工作，日夜不停，頭腦會自己編劇和創作，把零碎和片斷的資訊串連起來。我在輔導兒童或青少年時，很少指稱他們說謊，頭腦很自然會避重就輕，趨利避害，每個人都會選擇對自己有利和安全的途徑。

最奇妙的頭腦會把突發的聲光和訊息快速編輯及合理的演出，從我們的夢境中，就可以得到明確的印證，如果我們睡著時被打擾，接觸到聲音或肢體，頭腦便會做相關聯的夢，醒著時也是一樣，只是我們的視覺和意識會限制和否定頭腦的飄浮和運作。我們要了解頭腦的運作，才可以看見清淨無染的內在，我們學習和自己平和相處，才可以與其他人有良性的互動。

我們的教育教了許多自己以外的知識，卻很少教我們認識內在的自己，一般人只能尋求宗教給予安撫和慰藉，但宗教仍是外在的世界，並不屬於內在世界。

居住在心靈巨大的平安當中

「我們自己才是最重要的知識。」

我們居住在地球，我們的視野總往星空仰望，希望多了解地球以外的世界，我們每天和自己生活，卻一再的透過眼睛和耳朵，希望多知道一些外在的訊息；但我們很少用心去了解，這顆最重要的星球和最重要的人。一個人只有在不斷的追求和達成之後，發現已經沒有什麼可以征服了，才會完全地安住其心去思考。

「我是誰？」

「我為什麼活在這個世界？」

「我為什麼而努力？」

「我要去哪裡？」

「我想要有什麼樣的人生？」

年輕的心總想著我要得到這個或那個，我要佔有世界上最美好的一切。有一些幸運的人會如願，要什麼就有什麼。有一些人窮其一生的努力，都期待得到他要的，不管我們是哪一類，最終我們要思考的還是自己這個人，到底要怎樣才能真正得到滿足和快樂，只是追求和佔有，我們是無法滿意的，唯有從內心深處去探索自己要的是什麼？我們得到了嗎？

我畢業自警察大學，大部分同學的宿命，就是必須要為下一次的升遷做最大的努力，在自己的胸前或肩上，別上更高的官階，只有少數一兩個人會升到警察的最高階三線四星，大部分人都不是頂尖的，因為即使他在這個單位是最高的位階，但還是有人比他更高階，除非他升上署長或當上警大的校長。大部分同學都很在乎自己的階級，怕輸給自己的同學或被學弟妹追上。

我一直覺得自己很幸運，有機會跳離這樣的系統，我的工作只有一種職稱，只有兩個位階，大部分人到退休都坐在同一個位置上，職位沒有高低，大家都一樣；但還是有許多人不滿意這樣的職稱或位置，便再進修到學校去任教，或再考待遇更優渥的司法官。

有很多我認識的人，準備了一輩子都沒有考上，生活所有的重心都只為了這個考試，有人錯過了婚姻，也有人錯過了孩子的成長，也有人錯失了從工作中的提升與學習。他們期待著一朝飛上枝頭，做一頭傲人的鳳凰，其中也有一些朋友真的考上了。

幾次在媒體上，看到他們為了某些案子必須不分日夜的工作，我卻看不出他們的驕傲與喜悅，這樣的心路其實和郁慧很像。

有人終其一生只有一種職稱叫「老師」，有人會不甘於此，在行政的階層上一直往上爬，辛苦的從偏遠地區到都會地區，也有人跳脫了原有的體系去做生意或另謀出路。

不管我們做什麼，都沒有對錯，剛開始是為了滿足我們基本的需要，到最後則是尋求自我的實現。但不管我們選擇什麼，都應不斷的探索自己。

生命自會找到自己的出路

「我究竟要什麼？」

「什麼才是我要的幸福呢？」

郁慧沉默了許久，她內在有著許多對話。一個教育工作者無法深度地探索自己，又要如何帶領另外一大群生命做努力呢？這二十幾年來，到過無數的各級學校，看到大部分都是盡心盡力付出的教育工作者，他們有著許多抱怨，愈來愈多的學生不知道規劃和努力，大學畢業都不知道自己要做什麼。

我每聽到這樣的抱怨，心中都難免自省，我有很棒和合適自己的工作和收入。我真的找到自己的出路了嗎？我真的做對了嗎？

「我到現在還是不了解自己要的幸福是什麼。」

「我也不明白究竟要擁有什麼樣的一生。」

郁慧睜大眼睛看著我，她以為和她對話多時的人，是個先知和開悟得道的大師，沒想到給她答案的，竟是「不了解」和「不知道」的平凡人。

我分享我內在的心路歷程，十年前為了了解這些問題，花了許多學費和時間，最後發現帶領我的老師只是個演員，表演和假裝自己什麼都懂，什麼事都在自己的計畫之中。我突然領悟，「不了解」和「不知道」才是真正的道。

我不等郁慧做深度的自我探索，而把答案公布給她，我希望她能放輕鬆，並且完全開放去和自己對話，大部分的人都是如此。

我們不需要緊張，生命像一條河流，最終「祂」會流到大海，或許有許多內陸的河流是流不到大海，但這些生命的元素終究會被蒸發而重新回到源頭。

「知道」和「明確」是我們內在最深層和根本的渴望，如果我們不了解，我們的追求是沒有固定答案的。

我們一直生活在幸福和快樂之中，我們毋須再追求和努力，我們出生的剎那，已具足了所有的智慧和恩典，因我們的成長和社會化的模塑，讓我們失去了認識自己和確信自己的能力。

自我探索要的不是明確的答案，而是一再自我澄清的過程，看見不屬於我們生命的一切，我們會還給生命應有的純淨，我們會用不同的視角，看待歷史，看待此刻的世界和了解未來。

自有人類以來，我們一直都不是很清楚和明白自己，大部分的人一生都生活在不斷的堆積和佔有，從基本的生活滿足，到被看重、了解和賞識的心理需求，我們不斷的「佔有」和「購買」，這個世界充斥的商品和交易，使得我們自己也淪為商品的一部分。一旦了解這些思維，心中不應有感嘆，而是狂喜，我們不需要再為不必要的人和物做努力，我們可以安心地過我們現有的生活，好好地享受所有。

復刻成功經驗，定位自己的人生

「盧老師，你像個生活的哲學家。」

我們一直都想定位自己的人生。

「我是誰？」

「我希望自己是誰？」

「我的人生會幸福和歡喜嗎？」

我們很難找到一個學習的典範，成功的名人都有著無數的缺憾，因為真正懂得生命的人，只會默默的活著，我們是很難認識他們的，因為平凡和簡單的生命，才是真正的回歸本我，我們的各種媒體是不會記載和留存這些平凡無奇的人物和事蹟，老子和莊周也只是個特例，其實如他們這樣理念生活的人，四處可見。

也許老莊化身成勞動者或是街頭遊民，也有可能是我們周遭的某個人，或許有人對老莊的思想會有誤解，以為他們的人生是消極和退縮，如果多一些了解，他們的想法對真實的生命會有著不同品質的帶引。

「生命除了出生到死亡的歷程，我可以體驗和探索的是豐富和精采的一切。」

尤其是在這樣一個以金錢、權勢、地位為中心的功利世界，我們更能從商品和交易中，看見我們如孤舟般的內在，人與人之間是疏離和陌生的。

我們再不懂得了解自己和善待自己，將更加的不安和孤立。其實我們一直都是很棒、很好的。

「試著去懂自己，我們就會明白，為什麼我們會來到這裡。」

閱讀自己

止息，與真正的自己相遇！

當你的內在寧靜無息，你就和真正的自己相遇。
生命的紛擾來自我們的思緒，如天上的浮雲打擾了真正的天空。
讓自己經常保持內心的淨空，沒有任何思緒起浮，你會更了解自己和生命。
祂一直都很美好和歡喜。

06 獨特
讓每一個生命都被看重

我們得先學會感謝自己的付出和努力，才有空間去看見和賞識別人的付出和努力，我們若用正向的語言和別人互動，許多人事糾葛都會化解開來。

「改變自己就可以改變別人。」

再探生命的對話

郁慧是個校長，願意信任我，才有這場生命的對話，她很珍惜，我也很珍惜。

表面上，看似我在引導她認識自己。事實上，我也是藉著彼此的對話，在認識我所不知道的自己。

「我的心有一種過去未有的安靜。」

郁慧經過幾次的對話，從她的容貌到內在都有著很深刻的變化。「安」、「靜」是很棒的體驗，之前的紛亂因了解而不再煩擾，內在已能和自己平和相處，這是多麼棒的經驗。

「我看見了未來的希望，我真的很高興。」

我很想知道郁慧看見了什麼樣的希望，她並沒有完成我給她的所有作業，她告訴我當她開始感謝和祝福自己，她不知道為什麼自己就淚流滿面。她是個這麼好的人，卻從未好好的祝福和感謝自己，當她讓自己感動時，她看見周遭的每個人都值得她的感謝和祝福。

這一週她沒有多想，每遇到任何一個人，她都謝謝他們，陪她走過她這一生最紛亂和辛苦的日子，她感謝和她作對的主任和老師，感謝她的先生、孩子和公公婆婆，感謝她的媽媽和弟弟，她從未想過由衷地感謝會讓她和周遭的人感動。

她不斷地告訴這些人，她之前的無知和自私，未來她還是可能會犯同樣的錯誤；但她願意學習和提升自己，她希望大家都樂意給她機會和幫助她。她覺得自己很幸福，從未感覺到的溫暖一再地流經心頭。以前她會認為別人是冷言冷語、不懷好意，而今不知道為什麼她都會先謝謝他們的重視和關心，並懇求他們能夠協助她度過難關，她沒有多想其他的作業，她很享受這一週的感動。

「妳一直很棒，很好。妳周遭的人也一樣的棒和好，只是妳不知道，也不相信而已。」

別人對你好，不是理所當然

郁慧之前一直關注的是「事」有沒有做好，但她並不關心「事」的發展和結果；現在她關注自己是不是有愉悅的心情和別人的情緒，「事」竟奇妙的有了改變，她不懂為什麼會這樣。

人並不是全然理性的，人是以「感覺」在判斷和決定自己的問題。行政工作、家庭互動和人際關係，都取決於我們的感覺。情緒會影響我們的判斷和人際互動關係，如果我們一直都認為自己是最辛苦、付出最多的人，別人都對不起我們，都該感謝我們，那麼要改善我們的人際互動關係是很困難的。

我們得先學會感謝自己的付出和努力，才有空間去看見和賞識別人的付出和努力，我們若用正向的語言和別人互動，許多人事糾葛都會化解開來。

「改變自己就可以改變別人。」

郁慧說出她的心得和結論，但我的看法是，我們不需要改變任何人，包括我們自己，一個人只要想到改變，就會很自然的抗拒。

「找到善待自己，讓別人也好過的方法。」

這個世界已經夠辛苦了，何必為難自己，又陷別人於水深火熱呢？當我們覺得不好過時，我們周遭的人也一定過得很辛苦。

「過去都是我的錯，都是我不好，才會這樣。」

郁慧的改變嘗到了好的滋味，但我不希望她陷入自責的泥淖，過度檢討自己，最後會讓指責自己的矛頭，指向周遭的人。沒有人是不夠好的，每個人都是那麼努力向上，不是嗎？

只是我們常得不到別人的注意和賞識，所以我們必須先堅信自己是很棒的人，讓人們能看見我們的努力；因有過去的種種，才讓我們有機會看見自己真正的需要，感謝過去的恩恩怨怨，我們才能擺脫過去不愉快的經驗重新開始。不管過去是什麼，都是生命的一部分，感恩所有的人和事，有它們才能成就今天的自我。

「我不需要再更好嗎？」

郁慧在傳統的教育期待下成長，總要求自己要努力和上進，但卻不懂如何了解自己的需求和如何得到自己要的一切。一個已屆五十歲的人，需要的不是進步或學習、成長，而是知道自己的位置和去處，經歷「春耕」、「夏耘」，郁慧已到「秋收」的季節，如何運用自己多年努力累積的成果，讓自己放對位置，好好的讓自己享有一切成果。否則稻穗成熟了，卻不懂得收割，豈不是人生最大的遺憾？

繼續上次未完成的功課，我希望郁慧能找到此時生命最重要的「注意力」。

「未來妳想要過什麼樣的生活呢？」

她這一週只要靜下來就想這個問題，剛開始她千頭萬緒，愈想自己愈興奮；但最後慢慢地沉澱下來，就如同我們之前的談話，她要的真的不多。

她覺得自己這幾十年來一直都很孤單，她和原生家庭的疏離感，影響到她婚姻的經營，只有在結婚前和孩子出生後的幾個月，才感受到別人對她的重視和需要；在工作上，她也一直都是個稱職的老師和行政人員。

但回顧這一切，她只是一個善於應付和做事的人，她很少有真心和長久的朋友，在工作上她曾有很好的工作夥伴，但僅止於工作的互動，很難能接觸到彼此的深層想法和感受，所以，遇到事情她會很堅強地面對和處理，在獨處時，她就感受到自己的孤單和無助，沒有人是她可以談心和取得支持的。

她以前都認為自己不需要，但經歷接任校長的種種風波和打擊，她才驚覺到她不像自己所想像的那般堅強，她也需要朋友和家人的了解和支持。

投資是人生的度量衡

「妳過去投資了什麼，妳現在就得到什麼。」

過去十幾二十年來，郁慧總是專注在她的升遷和夢想的實現，她得到了一再的升遷機會和獎勵；但她未把另一半、孩子、家人、同事當作一回事，未曾用心去關懷和投資，當然她在這方面就不可能得到回饋。

我年輕時也不懂得生命真正的價值，忙著自己的理想和出路，年紀漸長後才知道另一半和家人、朋友，才是生命中真正可貴的資產。我們一路走來，追求的許多事物會像泡影般的生滅，最終陪伴在我們身邊的還是我們的另一半和家人。用心經營我們的家，我們才有根，我們努力耕耘的花果，才有源源不絕的能量，可以持續供應。

「看重我們的家人和朋友，用心去做投資。」

郁慧應該曾經想過和做過，但沒有得到她所期待的，於是她放棄了努力。

「唉，這我都知道，我最後發現，錢才是最重要的媒介。沒錢，什麼情都沒有用。」

許多人都有同樣的感慨，沒有錢許多事都會有困難。郁慧早期很用心在經營她原生家庭和婆家的人際關係；但她發現她付出很多，卻回饋有限，原因無他，她的媽媽和婆婆，用錢在衡量她是否孝順，讓她內心很受傷，認為她們只是看重錢。於是，只要給錢，她便不想再付出其他的，幾年下來都還相安無事。如今要她回過頭去投資她的時間和情感，她實在有點做不到。

這是很現實的問題，在家庭裡的人際互動，錢是最大的禁忌，大家都很看重，但誰都不肯承認自己把錢看得很重要，只要提到錢很難不翻臉。我也體會到這一點，所以我盡可能避免親友間的金錢借貸和往來，自己生活得十分簡單和樸實，對父母親友卻十分慷慨，能給的我毫不吝嗇，要借貸就估計自己的負擔能力，借出去的從不求能返還，把奉養父母和幫忙家人當成福報，有量的人就會有福，這十幾二十年來，一直奉行謹慎地處理金錢，要做金錢的主人，不做它的僕人。

「這些道理大家都懂，做起來卻很難，為錢我深受其害。唉！」

郁慧的娘家和婆家和她都有一些金錢上不愉快的往來經驗，她不想多談，她自己也省吃儉用，可是借她錢或倒她互助會的人卻大吃大喝、出國旅遊，設法躲避卻不肯還錢，她很生氣和受傷。

我也有過類似的經驗，因為我看重自己的情緒和彼此的情誼勝於一切。金錢雖然重要，但對我而言，有一個氣氛和諧的家庭關係，更重要。

我們重視什麼，就更容易得到什麼

重視錢，喜歡錢，沒有什麼不對或不好。因為我們愛它、喜歡它，所以我們擁有和得到。我就是愛錢，因為沒有錢，許多事都不能進行，但我很清楚錢能換到的是什麼。

除了錢，我們還需要投入時間和真誠的關愛。我遇到過對自身佔有有限，卻毫不吝惜付出的人，也見過擁有很多卻吝於付出的。我一直有個想法，錢需要用在最好的地方，我們使用愈多，我們就得到更多，如果錢可以換得親情、得到友誼，錢就用對了地方。

大部分的時候，金錢留給我們的是恐懼不安、備受冷落、屈辱等不愉快的經驗。我來自窮苦的礦工家庭，深深感受到父母為了家計，要忍受金錢的許多煎熬，我很年輕就很重視金錢，我不想為錢煩惱和困惑，我不是努力賺錢，而是量入為出，過簡單和容易的生活，親友有金錢上的困難，我在自己的預算內都樂於協助。

在危難當頭，金錢也是最容易考驗一個人的真情，有錢真的是一件很棒的事，但不需要太多的錢，我們就可以享有它的利益和好處。

「把別人欠我們的，就當成布施。我們曾經受惠於別人的點滴，終生感念不忘。」

這是小時候家父教導我們的，我不敢拿來教郁慧，只希望她能從那些已經不屬於我們的數字中解放出來，這些數字的金錢，我們一直都用不上，就當它已經花掉了，不再屬於我們。我不輕易借錢給別人，如果我在乎他會不會還，我就不想惹這個麻煩，如果我借了，表示這錢他可以不用還，因多年的情誼，在這個人有困難時，我樂於助他一臂之力。

「我一直覺得自己是最富有的人。」

我們住三十年的老公寓，開著十幾年的老爺車，最近才換新車。每一年我們都會把其中一份年終獎金，拿來做一件我們認為有意義的事，我們很少吃大餐，幾年會有一次長途的旅行，存摺裡的存款總是很有限，生活卻從未為「錢」煩惱過。

我們珍惜和感恩自己的福報和幸運，我們從不貪求多於付出的獲益，沒有付出的獲取，我們更不會去做。曾經倒過我們互助會的鄰居，我不曾向他催討過，向我借錢的親友，當他們提起，我總會告訴他們，先還給比較需要的人。

心靈的富足才是共有財

「錢是借我們用的，房子是借我們住的，它都不是我們的。」

板橋的林本源家族富甲一方，今天也只留下一處供人遊覽的庭園，白手起家的王永慶先生，又留給他的後人和這個世界什麼呢？但要有一個住的地方和足夠生活的金錢，是很重要的。

花了許多時間在和郁慧談錢，她很捨不得自己辛辛苦苦賺來的錢，每個月都要被分走一大半，自己留下的卻是一點點。

「夠用嗎？夠用就是富有。」

錢真的很重要，不為錢煩惱的人，還真是少之又少。我對金錢的想法是，我們為社會付出愈多，有愈大的貢獻和價值，我們就有更多的報酬；如果想要擁有更多的錢，我們需要有更大的奉獻和付出。

「盧老師，和你談話很舒服，談完心中許多的困惑都解決了。」

郁慧和其他人聊到類似的話題，別人都教她，怎樣把錢看好，別輕易借錢給別人，借錢不還的人，一定要一直去催討，不去要是不可能還的，這些話讓她很困惑，辛苦賺來的錢，這些人憑什麼可以有借不還呢？

「我們有什麼理由，要拿品德不夠好的人再一次地困惑和傷害我們呢？」

堅持做一個良善待人、忠於自己價值的人，別人如何就不是我們可以決定的了。一個家庭裡如果沒有金錢的煩惱，這個家要幸福就容易多了。如果這個家也沒有「性」的困擾，這個家還有什麼值得煩惱的呢？

「我先生多年前就有外遇了，我會和先生分房也是因為這樣。」

為了孩子和一個完整的家，郁慧選擇和先生做朋友，而不是夫妻，他們的關係比較像室友，更貼切一點的形容詞是，郁慧是房客，住在孩子的保母家。

郁慧的先生也在學校擔任行政工作，和他學校的同事發生婚外情，她知道這件事時，心理衝擊很大，她沒想到她原生家庭的宿命竟在她身上重演。因為那時她正好考上主任，不想因為先生的緣故，讓她失去婚姻，又影響了夢想，她很聰明的選擇隱忍，她和先生只是同住在一起的家人。

她的先生也算是尊重她，幾任女友都是偷偷的來往，未明目張膽的讓她難堪。她自覺自己做最對的一件事，就是在家中和先生的臥室分開，各有各的生活空間，孩子也未察覺爸媽有什麼不對。她雖失婚，但孩子卻不是單親。等孩子都成年了，她就會考慮離開這個家，出來自己生活。

婚變，開啟另一種個人的旅行

「這是一般人做不到的事，妳是怎麼辦到的呢？」

在我遇到的個案中，婚變的家庭能不吵不鬧，最後還生活在一起，實在是一件不簡單的事。夫妻之間的愛是不容第三者介入和分享的。

「還有比這更好的選擇嗎？」

郁慧的先生發生外遇，她知道之後，就和先生協談，兩個人都是成年人了，應該有理性的處置，他們協議離婚，但等孩子成年再辦理離婚登記，這段時間他們已經不是夫妻，只是同住一起的家人，她是依附孩子的爸爸居住，各自負擔孩子和家庭的費用，公婆則由先生自己去說明和負責。我現在才明白，為什麼她和先生如此疏離，對她的家如此冷淡，和孩子的關係也不緊密；但她是個有責任的媽媽。

「妳如何看待妳的婚姻呢？」

我很好奇，一般的夫妻遇到外遇問題，很難做到這樣的理性。郁慧描述她的婚姻是個錯誤的結合，兩個人同校服務，男未婚女未嫁，同事很自然就把他們拉攏成一對，拍拖了幾年，好像也沒什麼理由不結婚，結婚之後，好像也沒什麼理由不生孩子，就這樣生活在一起。

會有這樣的協議，大概是兩個人都厭倦了這樣的生活，是夫妻還是室友，似乎只有一個差別——每週一到兩次的親密關係沒了。郁慧對「性」需求一直很少，就算沒有，她好像也沒什麼太大的感覺，而她的先生對性卻一直有很強烈的需求，女朋友一個換過一個，有的是同事，有的是在外面認識的朋友，她只是聽聞，從未正式見過她先生的女友。

「夫妻之間沒有『性』，就真的像室友了。」

公婆不會覺得夫妻分開睡很奇怪嗎？他們和公婆同住，但不住同一樓層，郁慧的先生解釋夫妻睡眠習慣不同，郁慧比較安慰的是她睡主臥室，先生睡書房，她有完整的自主空間，她覺得還算不差。這期間她的先生有幾次向她示好求愛，都被她委婉拒絕，她沒有懲罰先生的想法，她覺得自己不想，也不需要肌膚之親。

「這真是一對特別的夫妻。」

生活在一起，家族聚會和活動，與公公婆婆和孩子互動時，不會覺得怪怪的嗎？從婚姻一開始，郁慧好像和公婆都維持著某些疏離，和先生各自有各自的生活，所以，重新適應一種新的關係，好像也沒什麼困難。

我很難想像和已經不是夫妻的異性同住在一起，卻有著孩子的種種連結和互動，難道不會有衝突嗎？

郁慧和她先生分工，老大的事務歸先生，老二歸她負責，她從未提起她的大女兒，常談到的都是她的小兒子。

「這真是一個奇特的家庭，無論如何只要有幸福和快樂，就是美滿的家庭。」

郁慧沉著臉，告訴我這不是一個幸福的家庭，只是一間以家庭組合的宿舍。

閱讀自己

獨特，讓每一個生命都被看重，更重要的是，我們懂得賞識自己，會讓每一個生命自由伸展，我和任何一個不同的生命，一直都很棒！

很好！因為我們一直是獨特和唯一的，不需要比較，更不需要計較，我們雖是不同的生命，相互獨立，卻是一體的依存！

如果我們認識自己，我們就會了解所有的生命是一個胞體，賞識別人、看重別人的生命，就是看重和賞識我們自己。

07 選擇

因認識，而做對選擇

如果我們的生命都不曾有過困境和意外，我們很難有深刻的覺知。我們的背後依然會被無數的絲線所束縛，會做許多我們不需要和不想要的事，只為了符合別人的期待和看法。

選擇永遠是未知數，沒有標準答案

郁慧的孤單，從這樣的故事，就可以了解得更多一些；但這樣的家庭一定就無法幸福快樂嗎？

「是妳選擇了命運，還是命運決定妳呢？」

郁慧眼淚滑了下來，誰願意選擇這樣的命運呢？

如果這不是我們的選擇，是由誰決定了這一切呢？

我不相信任何存在的神會無端折磨和操弄任何一個人，如果不是神，又是誰決定了這一切呢？

「我自己。都是我不好，才會……」

郁慧可能誤解了我的意思，沒有人是不夠好的，而是我們不知道自己可以選擇和決定自己要的幸福。

一個男人從學習中決定自己要成為一個有肩膀和責任的人，要讓父母親覺得安慰和榮耀，要有能力養家，供給家庭甚至家族的需要，要有能力成為家人的依靠。

許多男人終其一生都很努力，但他不知道他如此的努力是為了什麼。

女人也是一樣，從小被要求要聽話和懂事，要多為別人設想，不要自私，要把好處讓給別人，要容忍，要謙讓，要縮小自己，成就別人。

一個女人的成長過程，總是肩負著父母的訓命，很少有人會懷疑和掙脫父母的束縛。

父母做錯了嗎？

我們身為父母時，有些人會警覺我們正在複製父母給我們的一切，我們對孩子有著希望和期待，孩子如我們的意，我們就覺得自己是很成功的父母；如果孩子和我們之間有所不同，我們就會覺得緊張和惶恐。

如果我們沒有結婚，我們就很難理解為什麼父母不能和睦相處，給孩子一個溫暖和安全的家呢？

我們如果未曾為人父母，我們是很難理解，孩子為什麼會叛逆、自以為是。

「生命沒有一定的答案，祂只是個歷程，我們得經歷祂和認識祂。」

郁慧沒有什麼不好，她比許多從未覺察和領悟的人，有著很不一樣的品質。

如果我們的生命都不曾有過困境和意外，我們很難有深刻的覺知。

我們的背後依然會被無數的絲線所束縛，會做許多我們不需要和不想要的事，只為了別人的期待和看法。

我和郁慧一樣都在摸索，而那些自稱先知、大師和專家的人，如果我們細心去檢視他們的生活就會發現，每一個生命都是如此的平凡，每天都在和自己和別人的想法爭較，少有人真正活在寧靜和喜悅之中。

決定是自己做的，不是別人給的

「生命是如此的平等，不論貧富和尊卑，都一樣要經歷生命的所有，沒有一個生命例外。」

「真的很平等嗎？我自幼至今的苦，每一個人都有嗎？」

郁慧無法接受我的想法，如果我們能懷著學習和自我提升的角度，去看待每一件遭遇，用珍惜和感恩的心去了解，任何事件都是有原因的，都是上天的恩典及禮物，「苦」與「樂」只是觀點不同，我們不期待和不願意遇到的，我們卻遇到了，而不得不面對，那就是「苦」。如果遭遇的事情，不願意也不喜歡，但我們把它看成是生命的學習和提升，用心去經營，原先的苦就會創造出未來生命的喜樂。

這是我的觀點，郁慧至今仍無法和她的母親和好，如果沒有原生家庭的婚變，她不用受那麼多委屈；但如果沒有原生家庭給她的刺激，或許也沒有後來奮發向上的郁慧。郁慧因為原生家庭的陰影，導致她的婚姻和親子關係一團糟，她卻把這些不愉快全歸責給她的母親和繼父。

如果這是三十年前的郁慧，我認為她有充足的理由抱怨，但郁慧早已經有能力為自己的生命負起所有的責任。

經歷了五十年的生命，我們卻難以忘記二十歲以前所有的不愉快，這是什麼道理呢？這三十年的生命竟是被前面的二十年所操弄和擺布，難道我們都不需要為自己的生命負責嗎？難道我們目前所有的一切都是別人的選擇和決定嗎？二十歲以前我們沒有能力決定自己，二十歲以後的生命，我們還是沒有能力嗎？

「我們決定和選擇了所有的一切，我們要為自己負起完全的責任。」

我們無力選擇父母，但另一半和孩子、家庭、工作絕對是我們可以自己做的選擇。有一位服務三十年的老師，在退休時講了這麼一句話，三十年前她不適合當老師，三十年後的今天，她還是不適合當老師。

我聽了這些話有很大的衝擊，這三十年來，這位老師做了什麼呢？生命只因我們的一個錯誤和不適當的決定，就三十年都無法改變嗎？我比較悲憫這三十年來這位老師經手過的孩子，生命可能充滿著無數的創傷，我們有什麼理由要這樣折磨自己和帶給其他生命痛苦的經歷呢？

郁慧不快樂，她也只關心到自己的苦悶，她的先生和孩子、媽媽和公婆呢？

「他們快樂嗎？」

郁慧詫異的看我一眼，默默垂下了眼，除了自己很少注意到周遭的他人，我們不快樂、不幸福尚且如此，那麼我們周遭的生命，誰又能得到快樂和幸福呢？

我們的生命不只是自己，而是糾結著婚姻和家庭，我們因著原生家庭的影響，也創造著另一群生命的經歷。

快速認知自私的前身

「我知道我很自私。」

郁慧流下了自責的眼淚，「自私」兩個字，對她的生命有著很不同的用意，原生家庭中她媽媽對她的告誡，她弟弟的抗議；結婚之後她先生對她的咆哮，她婆婆和姑嫂背後的指責；還有工作職場上的同事和學生，在在都讓她決定做一個自私的人。

「自私」是個互動的經驗，也是她內在經常有的對話，自私這兩個字對郁慧有著很深的感觸，為了求得更好的生存，做一個出人頭地、讓人看重的人，她選擇以自己需求為中心，刻意漠視別人的需求和吶喊。

自私沒什麼不對，因為這是生物的本能；但這份自私已經造成郁慧內在的許多紛擾，她選擇在我提到這兩個字之前，先自我揭露，避免別人的批判，她很在乎她是不是一個「自私」的人。

「自私有什麼不好或不對嗎？哪一個人不是自私的呢？」

我也在她自我辯護之前，先替她做解釋，我不想在自私的文字上打轉，我想知道的是更多她在「自私」兩個字上的心路歷程，我真的點到了郁慧心頭的痛。

她告訴我她認識「不自私」的人，都是戴著虛偽面具的「大」人，她的媽媽和繼父，明明就是偏愛她弟弟，卻一再地告訴她，他們一點都不自私；她先生把錢財看得很重要，卻擺出一副大男人不需要依靠女人的樣子，他有肩膀扛起家計；但郁慧很清楚，她先生需要她的薪津幫忙家用，他用的方式不是請求協助，而是用「自私」這兩個字。

「錢」真的很敏感，大家都避諱提到錢；但一家人生活在一起，最計較的還是錢，最初為了和諧，郁慧曾選擇無私的付出所有，當她發現別人毫不珍惜和感恩時，她選擇做一個自私的人，家用如果沒有開口向她要，她就裝聾作啞，絕不輕易用到自己的薪水。

對她的原生家庭，她也曾用錢買到重視和稱讚；但她發現媽媽和繼父、弟弟把她當提款機，有出無進，有借從未有還。最後她選擇了自私、疏離和冷漠，她曾把錢當成人際互動的工具，現在她很看重自己的存款，她把錢看得比人情重要。

「我很自私和勢利。」

郁慧怕我瞧不起她的作為，自嘲式地為自己的作為下了結論，我卻不是這麼認為，她很坦誠和信任我，一般人不會這樣明白的揭露自己的金錢觀，郁慧這樣的心路歷程是很符合人性的一個演變，在這樣的背景和情境下，會做這樣選擇的是很自然的；但並不表示，我們就不能快樂和幸福。

如何學會內觀的功夫

「快樂？幸福？表面上我一直都擁有。」

郁慧經過幾次的談話，已經清楚什麼是外在的世界，什麼是內在的世界，在外面的世界她佔有很多，但內心世界她是貧乏的，她的注意力放在金錢的流失和別人的觀感和回饋，而不是傾聽內在這些紛擾真正的需求是什麼。

郁慧面對這三十年來從未認真思考的問題，現在必須給自己一個自我解讀和澄清的機會，經由這樣一個自我療癒的歷程，表面上她的生活和工作是不會有太大差別；但因為了解，她可以讓未來的生命充滿寧靜和喜悅。

「妳並不希望自己是自私的對吧？自私是妳保護自己的選擇。」

因為「自私」這兩個字沒有很明確的定義，當我們受到了損害，或未受重視或得到我們期待的回饋，我們很容易批評別人的自私。

每一個人都不必因看重自己的權益和得到或完成自己的目標，我們把注意力專注在我們自己，而感到不安或自責，這個世界的生命一直都是以自我為中心的，沒有人會真正關心我們是否吃飽了或該休息了。

我們的社會並不是一個健康的社會，缺乏了解、同理和寬容別人的習慣，表面上我們義正辭嚴的指責別人的侵犯或不夠好，以捍衛我們的權益或福利；但我們的內在充滿著不安，我們害怕和擔心我們的不夠努力和盡責會被發現，整個社會都充斥著對別人的批判，而不是自省、勉勵和祝福。

其實我們需要關心的不是別人和負面的世界，而是要多看重我們內在世界的寧靜與祥和，政治和社會的事件給我們太多的打擾，我們的家一直未被用心的經營，紛擾和動盪的世界，影響不了一個充滿愛與希望的家庭。相同的，一個人注意自己內在的寧靜平和，他便不容易被紛擾的家所打擾。

我們改變不了整個世界、社會和家庭，但我們可以提升自己生命的品質。

愛自己並不是自私

「這樣算是自私嗎？」

郁慧似乎滿意我的解釋，她放鬆了緊蹙的眉頭。我們經常使用的文字，有許多攙有毒素，讓我們自責、難過和紛擾。「自私」不是很好的字，如果改成「自愛」或「自重」，或許會少一些負面的連結。

我們把自己愛護好，看重自己內在的歷程，才可能給世界真正的笑容。愛自己並不是那麼容易，我們傳統的教育，只教我們愛別人和付出所有給別人，很少教導我們做一個懂得愛自己的人。

愛自己並不是自私，放大去看「愛自己」，就是在讓自己好過，也是在善待我們的家和世界，這個社會之所以會有愈來愈多的憂鬱症和精神病患者，是因為我們不知道自己是誰，要怎麼做或怎麼走才是我們人生正確的方向。

我們大部分人的生活目標就是「錢」和「名」，有錢我們就會有快樂？有名我們就會幸福美滿？環視社會上這些已經有錢有名的人，他們過著什麼樣的生活呢？少有機會睡飽或睡好，穿著名牌服飾，住豪宅，開名車，卻難得能靜下心來與家人和自己相處。我們的幸福和錢有些關係，我們確實需要一些滿足基本生活的金錢，但和「名」卻沒有什麼關聯，走到哪都被認得的人是很可悲的。他失去的是珍貴的自由和隱私。

「可是為什麼有那麼多的人，為錢、為名而賣命呢？」

我們需要別人的看重和禮遇，我們需要安全感和自由，想要隨心所欲，我們以為擁有錢和名，就會擁有我們想要的一切，就如同前面曾經和郁慧討論過的，當我們的基本需求得到滿足之後，錢和名的用處就會很有限了，有時候，我們多花了一些錢，只是買到一個廣告比較多的產品或者比較獨特的產品而已，而名，大部分時候，只是別人表面的逢迎，而非真正的尊敬。

看看檯面上這些政治人物，有幾個是我們由衷尊敬的呢？了解自己生命的真正需求，我們必須深入內在去探索，我早先給郁慧的功課，她都未認真的完成。

「什麼是妳真正想要的呢？」

「什麼樣的生活，又是妳真正期待要過的呢？」

知道我們要什麼，我們才能夠得到。事實上，若我們真正知道，我們一定可以得到。

檢視自己的內在需求

「我現在比較清楚自己不要的是什麼。」

郁慧用一生大半的努力，追求校長的職位，她清楚地知道她不想、也不需要這個職位。因為當上校長，好像高高在上，事實上，就和同事劃上一道無形的界線，把自己關進了獨立的辦公室。郁慧以前很羨慕校長有獨立的大辦公室，可以隨心所欲的布置和招呼客人，現在才明白，這樣的辦公室把自己和其他人隔離了，每天都有處理不完的瑣碎事，她根本很少有機會坐下來好好享受她寬敞的辦公空間。心情才是最重要的。

當主任時，還可以依業務區分，擋掉一些不屬於她該做的事，當了校長管不動主任時，全校的業務幾乎都只有她一個人在推動。她能力很強，歷練又多，這些事都難不倒她；但同事冷漠高傲的態度常讓她抓狂，她寧可回到從前，校長是個不管事的待退校長，大小事都由她一手包辦，同事笑稱她是地下校長，雖無實權，卻勝任愉快。郁慧自嘲自己正如韋伯的官僚體系制度所說的，升任到自己無法勝任的位置，而不是最適合和表現最稱職的位置。

慶幸的是，校長這樣的位置是上得去、也下得來的位置，和她這幾次的談話中可以明顯的感覺到，她很想回任基層老師，陪著一群年輕的生命走一小段路，她三十年來都沒有當過真正的老師。

「我也沒有當過真正的媽媽。」

郁慧再次落淚，我深深地感覺到，她這次的眼淚充滿著深度的情感，她已非之前的郁慧了，她已經打開內在真實的大門，她想要做真正的自己。當不當校長，沒有對或錯，而是自己適合嗎？有些人真的很適合這樣的位置，他可以帶領著所有的人，去發揮自己對教育的愛；但有許多不適任的人，卻從未覺察過自己的不適任，許多的校長計算著最適合退休的年齡，有的根本不知道自己退休後要做什麼？

所以，繼續佔著校長的位置，我常以此警惕自己，即使對社會沒有什麼大貢獻，至少不要佔著年輕人或有理想抱負者的位置，可以退休時，就不該多戀棧。

郁慧像一個懷抱著夢想的登山者，登上了高峰，才看清楚什麼是她要的，哪裡是適合她的出路。

有許多人是為了登山而登山，一再的挑戰高峰，最後登上了世界第一高峰，才能夠靜下心來享受生命的寧靜。

看重自己，才會賞識別人

「郁慧，恭喜妳。」

恭喜別人得到他想得到的一切；但我恭喜郁慧知道自己不想和不需要的，懂得把它們卸載。最值得羨慕的生命，一定不是佔有多的人，而是知道佔有多少才剛好的人。

沒有多餘的負擔，一生悠遊自在，這是我期待擁有的智慧。郁慧未必一定要辭去校長一職，一個人經由探索，了解到自己生命和能力上的限制，懂得謙卑和尊敬每一個獨特的生命，就能發揮啟發和激勵另一個生命的功能。

政治舞台上，滿口理想和抱負的人，骨子裡真的是為社會而競選嗎？我從未相信過這些政客。

在教育界，許多自以為是的學者專家，制定一套又一套的教育政策，把成長中的孩子當成實驗品，除了讓人心痛，更讓人覺得不齒。

教育工作者應該更謙卑的承認對生命的無知，接納更多元的獨特孩子，讓教育創造希望，而不是把充滿希望的孩子，在教育過程中磨損掉他所有的可能，讓愈來愈多的年輕生命，失去了努力的方向和動力，把自己封閉在網路和虛擬的世界。

「當我們深度了解自己，我們就會有能力帶引其他的生命走向未來。」

知識和經驗是有限的，我們相信和依賴這些已經過去的知識和經驗，我們不相信眼前的生命才是真實而有價值的。

我的意思是，我們不需要期待孩子未來的成就，因為他未來會如何並沒有太大的重要性，而是要陪伴他，和他共有的此刻，才是最重要的。

老師和學生如果只強調課本的知識傳遞，而忽略了我們在創造彼此生命的經驗，那麼教育只完成了一小部分。

我們唯有看重和賞識自己，才懂得真正的看重和賞識另一個生命。

閱讀自己

選擇，因認識，而做對選擇！

開始讀你自己！

你會發現愈了解自己，我們愈能明白生命簡單的軌跡。

你選擇了你自己的一切，一切都是美好的，因為它是你的選擇，你愈懂得閱讀自己，你就愈明白，一切都只是選擇而已。

你會愈來愈容易去選擇你要的，你知道什麼是與你有關，什麼又是你要的。

繼續閱讀自己，你就更知道「沒有選擇的必要」。

生命一直都很美好！

祂自有著最好的安排！

08 學習
做一個安心的父母

郁慧的感觸不無道理，時代在演進，我們無法再拿過去父母的模式來教導孩子，我們要學習和成長，這也是這個時代給我們最好的機會。為人父母是需要學習的。

「未來我們的孩子，真不知道會怎麼教養他們的小孩呢？」

「兒孫自有兒孫福」的體悟

「不要企圖去改變什麼，在靜靜的水流旁等待，一切都會變得自然和容易。」

我剛開始也無法領悟，我手上的這群迷途孩子，他們需要的不是教導，而是用心的陪伴，他們一直都很好，只是他們並不知道，他們只想要讓別人注意到他們，於是勇於各種冒險和新鮮有趣的事物，對父母老師的期待，卻很少當成一回事。我們都很清楚，今天他們荒廢的，明天他們得更加倍地努力，才能彌補回來；但我們愈急切，孩子就愈傲慢。

最後我了解一件事，這是他們的生命，他們的河流，我們不用涉入和擔心，最後都會匯流到大海，只要安心地陪伴他們成長，和他們共同分享此時此刻創造出來的愛與成功的經驗，等待會發揮很奇妙的力量。

「不需教導？」

郁慧為了她國中的兒子，有著無數挫敗的經驗。她不懂，那麼有限的教材，只要多讀幾遍就可以得高分，為什麼孩子不願意去做呢？學校和爸媽的期待那麼的單純，做到自己的任務就行了，為什麼不呢？她疑惑倘若不去教導，孩子真的可以知道自己該做什麼嗎？每天叮嚀和提醒，生活都還是一團亂，如果再放任不管，不是會更糟糕呢？

「沒有人願意成為別人控制的玩偶。」

我們不再控制或操弄孩子，孩子就會警覺自己的責任和權益，人都有向善和向上的潛能，父母和老師常為了更快和更好，而讓孩子感覺到挫敗和無力，尤其是已經進入青春期的孩子，他們需要的是足夠的空間和時間，父母要做的是陪伴和等待。我們當了父母，就忘記自己曾經是個孩子，我們期待什麼樣的父母呢？

當時的父母可能忙著應付生計，疲於奔命，沒有多餘的時間和精力去管孩子學校的事，只要不出亂子，也不會干涉太多，他們沒有什麼教養技巧，也沒有什麼知識，不如他們的意就或打或罵。以現在的標準來看，他們的確稱不上是什麼好父母，可是為什麼放任不管，反而教出有責任和肯努力的孩子呢？

人生沒有彩排，按部就班不是唯一方式

「孩子都會長大，今天我們做了什麼，未來他就會留下什麼影響。」

我們很怕孩子會輸在起跑點，會輸在未來沒有競爭的能力，我們希望孩子能一個階段接著一個階段，一路順暢地贏下去。如果不是，我們就會很擔心地插手孩子的學習和成長。我的父母給我二十年考大學，我自己當時也有覺悟，書是要讀一輩子的，不必急著一時完成所有的目標。所以，四十六歲才讀研究所，五十歲才讀博

士班，我認識許多老師都是在很年輕的時候擁有學位，然後，用學位開啟工作、事業和婚姻的大門。我不需要靠學位幫我做這些事，我讀書拿學位沒有功利的想法，它們不會幫我賺到更多的錢或晉升更高的職位，也不會讓我更受到別人的看重和尊敬。如果是這樣，二十年前完成和現在完成，又有何不同呢？如果是這樣，我們有什麼理由，急著要孩子一定要按部就班的完成所有的學程呢？

「未來總要有一份工作，才能夠生活。」

我們傳統的教養，總為孩子的工作和生活擔心；但許多歐美的父母，他們期待的不是孩子有高薪和高職位的工作，卻是期待他們有快樂和豐富的生命；所以，他們可以輟學去航海和四處旅行。

生活比工作重要，因為人不是被金錢操控的機器人，由孩子去決定自己的未來，這是「他」的生命，由他自己決定和選擇。他要接受傳統的價值，做一個穩定生活的人，或是一個獨特和漂流的人生，那是他的事。我忠於我的角色，陪他走這一段成長之路，盡我最大的努力了解和賞識，其他的是孩子自己要去思考和決定的。

「這或許也對啦。」

郁慧有一陣子都住在學校，剛開始還有打電話給她兒子，但最後一連幾天都不管他。當郁慧再回到家，發現孩子也沒有更糟糕，她不懂自己在操什麼心。

「我們很害怕被認為是沒有責任和失職的父母。」

在過去的社會，左右鄰居和親友都會評論誰家的孩子考上哪個學校，是怎樣的孩子。現在我們身為老師，很擔心自己的孩子被放在陽光下評論，還好她的孩子都沒有和她同校，雖然學校老師還是會知道這是老師的孩子。主任或校長的孩子通常會有些負面的評論，當老師的很在乎自己的孩子功課上是不是很傑出，如果是，我們就可以很安心的面對家長；如果不是，我們就會有些心虛，自己的孩子都管教不好，還拿什麼去教導別人的孩子，教導家長如何管教子女呢？

「父母」是需要一輩子學習的功課

「誰會真的在乎我們的孩子呢？」

除了我們自己會真正關心和在乎，其他人都只是聊聊而已，需要這麼在乎這些人的看法嗎？他們有什麼重要的呢？就像我們真的在乎和關心過學校其他同事的孩子嗎？如果不是，那就安心吧！沒有人會真正在乎我們和孩子，我們自己的感覺和想法才是最重要的，用心去了解我們對孩子的期待和挫敗。

為什麼我們的社會愈來愈多人喜歡養寵物更勝於養小孩，因為寵物是由我們擺布和決定，牠們不會抗議，也不會頂嘴，牠是以我們為中心，受我們支配和操弄，讓我們充分享受掌控的本能，而孩子從嬰幼兒開始，就不受我們的意識所控制，他想睡才睡，想吃就要吃，我們的存在是為了提供服務，滿足他們的需求。

孩子逐漸長大，情況就愈來愈不同，孩子有自己的想法和需求，父母不能再完全地掌控他們。到了青春期，孩子就完全失控了，因為他們像脫韁的馬，我們如果沒有和他們建立很好的信任關係，「牠」是不會讓我們靠近的，我們愈是關心和干預，就會遇到愈多的抗拒，父母要學會放手和陪伴。

「好難，我們當孩子時，是以父母為中心，現在身為父母，卻必須學習以孩子為中心。」

郁慧的感觸不無道理，時代在演進，我們無法再拿過去父母的模式來教導孩子，我們要學習和成長，這也是這個時代給我們最好的機會。為人父母是需要學習的。

「未來我們的孩子，真不知道會怎麼教養他們的小孩呢？」

這不需要我們擔心，我許多朋友都已經做爺爺奶奶了，仍不放心他們的小孩，要做超級保母，實在令人擔心。孩子成長的過程中，我們剝奪了他們學習做一個人的空間，等他們身為父母時，我們又再次剝奪他們學習成為父母的機會。

引導孩子的思考方式

「是我們造成孩子的延緩成熟和幼齡化。」

郁慧畢竟是教育工作者，很快地連結上全球工商業社會的普遍現象，成年人不工作也不就學或接受職業訓練的人數，以倍數的速度增加，台灣人口中，年約十六到二十五歲未工作和就學的人口數，已經超過五十七萬人，這是一個驚人的數字。

幾年前才五到六萬，短短幾年間，已經增加近十倍，這些沒有工作和就學的人，他們每天都在做什麼呢？再過五年、十年他們會在哪裡呢？我不知道這樣驚人的數據為何沒有引起社會大眾和媒體的注意，或許有注意，但又能有什麼作為或改善呢？這些不事生產工作的年輕人將會是未來社會沉重的問題。

「這該怎麼辦呢？」

郁慧也擔心她的孩子會是其中之一，我認為最有效益的方向，就是從親職教育著手，讓父母清楚孩子成長的過程，父母要跟著學習和成長。如果連從事教育工作的郁慧對自己的孩子都束手無策，很顯然地，大部分的父母都只能靠運氣來教養孩子，而不是靠知識。認識和賞識每一個孩子的獨特之處，有更多元的選擇和發展機會，讓孩子有自己的夢想和期待，給予更多嘗試和錯誤的空間，父母唯一需要做的就是陪伴，給予了解、支持、鼓勵和肯定，讓孩子願意為自己做最大的付出和努力。

在多元的社會，學歷的影響力愈來愈小了，但要讓孩子了解基本的學歷是未來發展很重要的關鍵。父母不是管教，而是引導孩子獨立的思考自己的未來和做決定。

勇於面對錯誤的勇氣

「如果是錯誤的決定，也一樣支持嗎？」

郁慧的疑惑也是大部分父母的疑惑，孩子要做壞事也支持他？當然不是支持孩子去做壞事，而是陪伴孩子一起面對錯誤，從錯誤中學習和找到自己該走的路，錯誤是很重要的學習過程，我們如果害怕孩子犯錯，就會造就出退縮、膽怯和不坦誠的孩子。

孩子會犯錯，父母也會犯錯，犯錯需要的是勇氣和智慧去面對，尤其是在孩子犯錯時，父母應用心陪伴和支持，讓孩子了解到，不論在什麼情況下，他都不會孤單，父母都會陪著他。讓孩子勇於嘗試和冒險，當然不是要他故意去做危險的事，而是對未明確和陌生的事物，能主動和積極的探索和學習。

「盧老師，你比較像教育家。」

沒有人是專家，我比較幸運的是手上經歷過的孩子比較多，一再的試誤中，讓我了解怎麼做比較有效能。我在乎孩子的感覺和情緒，人的思考和情緒緊密相關，能經常保持正向情緒品質的孩子，就會有比較好的表現，原因是他可以減少內在的抗辯，專注於他想做的事，有好的親子關係。

父母的角色不是製造問題給孩子，而是維持夫妻和家人的良好互動關係，沒有好的夫妻品質，不會有好的親子互動品質。我知道郁慧的婚姻有著很大的問題，但先讓她了解自己的改變，才有可能改變孩子，做一個安心的媽媽，我們才不會拿孩子做我們情緒缺口的擋箭牌。

「孩子不用我們擔心，該關心的是爸媽有沒有把自己的問題處理好。」

一個青春期的孩子，在台灣這樣的升學環境下，一些自以為是的專家，把教育和考試搞得複雜又紛亂，原先的用意在減少孩子的課業負擔，最後的結果是讓孩子更無所適從。

考試在我的觀點看來，認真努力的孩子得到他該得到的分數，進入適合他的學校就讀，現在頂尖的孩子為了一兩分的差距而斤斤計較，考題簡化到已無法鑑別那些孩子的努力程度，成績差的讀與不讀更分辨不出，少子化讓每一個孩子都有學校可念，這樣孩子還有什麼努力的動機呢？

態度決定未來的高度

我們的孩子未來絕不會輸在學歷和能力，而是會輸在態度上。做事只求表面的結果，不求徹底的了解，為名次分數而努力，對與升學無關的學科和事物漠不關心。如果一個人沒有服務別人的熱忱，再有成就都是有限的。我從未想過自己要成為哪個領域的專家，每一個人都應是專家，各有不同生命的經歷和資產。對郁慧而言，我們只是分享著不同的深度想法和經歷而已，我們和孩子的關係也是如此，就只是彼此陪伴和分享罷了。

孩子未來會有什麼成就，都不是我最關心的，孩子每天過得充實和快樂與否，和父母在一起有沒有愉悅的心情，這才是我關心和珍惜的。孩子二十歲之前是我們的孩子，二十歲之後只屬於他自己。許多父母和孩子卡在孩子國中階段，但這三年轉眼就會過去了，高中三年也是一轉眼，孩子上了大學，父母就該完全放手，讓他獨立的飛翔，父母只需遠遠的祝福他、支持他。

郁慧的兒子還在念國中，女兒已經上大學，因為有很好的自律，從未讓父母操過心，和父母的關係總保持著一段距離，就像郁慧年輕時一樣，不喜歡這樣的家庭氣氛，無力改變就想辦法早點離開，能從父母親身上得到的資源盡量利用，讓自己羽翼豐滿，準備獨立高飛。

對女兒，郁慧沒什麼特別的認識和感覺，從小給公婆帶大，和爺爺奶奶的情緣遠勝於自己，兒子若不是因為上了國中比較叛逆，讓公婆無力招架，他也不會回到郁慧的身邊，如果不是這樣的兒子，而是一個聽話順服的孩子，他也不會和郁慧有著密切的互動，再過兩三年，父母的角色也不再重要了。

我們養兒育女的經驗，只是模糊的印象，親子關係是每一分每一秒存留下來的經歷，我和我的孩子，每天互動時間不多，我忙，他也忙；但每天早上我都會送他上學，我珍惜在車上和他互動的經驗，每一週我們都會一起上網球課，父子在大熱天，打球打到汗流浹背臉紅脖子粗，抓著水瓶猛灌，我珍惜這些美好的經驗。

沒有管教訓斥，只有陪伴和分享，我相信我們父子一生都會珍惜這些記憶。我太太也很珍惜，孩子讀書讀累了，都會跑到她身邊要求抱抱，睡前都會來到床上和她撒嬌，我們很清楚，明年的這個時候，孩子考上了遠地的大學，親子要見面，恐怕需要特別安排時間了。

做安心的父母，也做孩子的人生導師

「真的要好好珍惜。」

郁慧沒有再提孩子的問題，如果我們清楚知道，孩子眼前的所有問題再一兩年就會過去，我們還要擔心什麼呢？我們只要扮演對的角色和做對的事情，孩子會自然的成長，未來有什麼境遇，都是他生命的選擇，他該為自己負責。

「父母其實可以很輕鬆。」

郁慧終於放下了緊張和擔心，有什麼理由我們要做一個沒有效能、又讓孩子厭惡的父母呢？最重要的是把我們自己照顧好，為我們自己生命的一切負責，把屬於孩子的責任還給孩子，一個能為自己負責和努力的孩子，我們要擔心什麼呢？

這五十七萬幼齡化和延緩成熟的年輕生命，就是因為父母保護得太好，錯失了他們該有的學習機會，造成了他們的無能，而這些父母仍繼續把他們當兒童保護。我不懂這樣的保護是愛孩子嗎？每天我都會接到求助的電話，但我真不知能幫上什麼忙。把這些父母暫時從家庭移除，讓孩子為了免於飢餓，不得不自己動手找吃的，為了免於沒錢可用，他們要開始找工作做。

我實在找不到更好的方法幫助他們，父母的角色原本是在養育和保護孩子長大，現在的父母卻錯用了，讓孩子失去了謀生和照顧自己的能力。

「做得愈少才是愈好的父母。」

「最好的照顧和保護，就是不要再照顧和保護孩子，他會有能力保護自己和照顧自己。」

我自己身為父母，必須每天提醒自己，孩子可以做的別插手幫他，他沒有向我求助之前，絕不輕易提供任何協助。我是專家嗎？什麼也不是。我只是一個平凡的父母，陪著孩子一起學習和成長而已。就如同郁慧一般，二十歲前生命的經驗，對未來有著重要的影響，帶著我們喜悅的心，和孩子共同分享生命的成功經驗。

閱讀自己

學習做一個安心的父母！

不只是做父母要安心，做一個人更要學會安心，心中之所以能無所牽掛和羈絆，便是來自我們對生命的信任。

我們的信任，來自我們的愛。因為愛，我們相信彼此，因為愛，我們無所畏懼，我們會永遠的相信和支持，你會明白「我」和「其他的生命」一直都很棒！很好！全然的信任生命的河流，將帶領我們領受生命的恩典和禮物！

生命一直都是學習和自我提升的歷程，祂一直是個美好的旅程。

09 經營 投資屬於自己的家

郁慧和她先生在工作上，一直處在緊張的競爭狀態中，想贏過男人而得到幸福是不容易的，表面上，就讓男人贏得所有，最後的贏家一定屬於女性。

當孩子變成爭吵的主題

郁慧和先生的婚姻關係是很特別的，她和先生之間除了孩子沒有交集，而孩子的問題，又常是引起衝突和口角的最主要原因。先生認為教導孩子是媽媽的責任，郁慧很不平。孩子小時候，夫家都把孩子視為寶，孩子進入青春期叛逆使壞，才把孩子還給她，認為她是個失職的媽媽，夫妻為此從未有過好言語。

她先生是學校的主任，也考上校長，但一直都未派成。當她先當上校長後，先生常拿此當話題，嘲諷她有能力當校長，就應該把自己的孩子教好。但孩子自幼大部分時間都跟著公婆，親密互動的時間有限，孩子從一樓公婆家搬回二樓的父母家住，大部分時間兒子仍會在公婆家吃飯。

兒子也沒什麼不好，只是大部分時間都沉溺在網路遊戲，沒日沒夜的，爸媽只要講他，他就會頂嘴甩門，讓爸媽最在意的是小學成績都名列前茅，上了國中卻吊車尾，爸爸覺得很錯愕，要求郁慧要負起媽媽的責任。

夫妻只要不提孩子，把孩子當成空氣，彼此都能相安無事，只要接到老師或看到聯絡簿的通知事項，爸爸就會把這些推給郁慧，郁慧幾年來都因先生的外遇隱忍未追究，沒想到她先生竟借題發揮，斥責她是失責的媽媽。

「我是失責的媽媽，我先生當然也是失責的先生，他憑什麼指責我呢？」

郁慧有好幾年都和先生維繫著室友的關係，表面上都還能正常互動；但當她當上了校長及兒子回到家裡住後，夫妻的關係有了一百八十度的轉變，她先生不再沉默和被動，而是展現強勢的作風，郁慧剛開始還想力挽狂瀾，想證明自己是個有能力和有作為的媽媽，強勢要求孩子要依她的模式，回到常軌上。

兒子剛開始勉強配合幾天，慢慢試探媽媽的底線，不敢正面和媽媽衝突；有一天她斥責孩子時，先生走出房間不是幫她，而是和兒子聯手指責她，只是個會碎碎念的破喇叭。

她努力改變的夢想破滅了，加上學校接連的事故，她向先生求助，被先生冷言冷語，她憤而住在學校拒絕返家。幾個星期過去沒有人要她回家，她回到既熟悉又陌生的家，小心翼翼的等著先生和兒子的炮火，結果什麼事都沒發生，她回到家就窩在自己的房間裡，故意發出聲響和出來喝水，父子見到她視她為空氣，眼神沒有交集，也沒有談話。

「我回來做什麼？」

「這是我的家嗎？」

「這對父子是我的家人嗎？」

當時郁慧突然覺得一股被邊緣化和冷落的衝擊，她不想低聲下氣的向他們父子示好，但又不想讓自己陷於困境。她到兒子的房間，兒子正專注在玩他的線上遊戲，郁慧毫不猶豫地提醒孩子該讀書了，孩子沒吭聲。她有些受傷地提高聲量，孩子很不屑地回應她：

「不用妳管。」

郁慧也生氣地責問孩子：

「不用我管，你要給誰管呢？」

孩子也懶得理她，她伸手就把孩子的電腦線拉掉，在這個家，連她兒子都無法掌控，她還能如何立足呢？孩子情緒失控，對她大吼大叫，原本她已準備好要修復的親子關係，又嚴重的受到打擊，郁慧也情緒失控的要伸手打小孩，孩子當然不甘心的擋開。

爭吵聲引來了先生的注意，原本希望先生能和她站在同一陣線，壓制孩子的氣焰，但先生卻藉此機會修理她，訓斥她不把家當家，不高興回來就不回來，回來就要管東管西，讓整個家雞犬不寧。郁慧自知理虧，所以也沒多說話掉頭就走，只狠狠的丟下一句話：

「這是你的兒子，以後你自己管。」

郁慧重重的甩門，癱坐在床上許久，她聽到先生對兒子訓斥，要兒子別給他丟人現眼，自愛一點。先生也回到了房間，整個家又陷入了寧靜，公婆以前聽到爭吵，都會馬上上樓關心，這次等到他們吵完了才上樓來，和先生的對話，似乎是故意講給郁慧聽的。

誰是失敗婚姻的受害者？

「做校長有什麼了不起？做校長就可以不理家嗎？唉，台灣的教育還有什麼希望？」

郁慧很生氣，但也不想再辯解，心中只浮現一個念頭：

「離婚吧。」

郁慧一直不敢有離婚的念頭，她的媽媽就是類似的情況離了婚，再結婚。她從小就認為，她一定不會成為失敗婚姻的受害者，即使她經歷先生的外遇傳聞，協議分房，她都不曾有過離婚的念頭，她自認自己很堅強，絕不會被困境打倒。在當校長之前，她的確是如此，再大的考驗她都一一承受，她也經歷了先生的出軌，她自認為自己是個有智慧的女人，不希望先生對她不忠，但又不願意先生的外遇事件影響到她升校長的夢想。這幾年她自覺這樣的模式很好，雖然經常都有同事或朋友告知她，先生可能有外遇，她都一笑置之，她可以大吵大鬧弄得全世界都知道，她是個失敗婚姻的受害者；但這又能怎樣呢？

「我沒有選擇要離婚，我覺得這個婚姻還有剩餘價值。」

而今郁慧想要離婚，她覺得這個家是她先生和孩子的，她只是一個房客，當一個自由的房客，她還能接受，如果是一個紛紛擾擾的家，她還有什麼理由留下來呢？只是她有些不甘心，這十幾年來，她付出那麼多，結果什麼都沒有。如今要孤零零的一個人在外生活，她也有一些不平，她不算是個好媽媽，但怎麼說，都還算是盡責的媽媽，孩子何以對她如此薄情呢？

郁慧付出最多的其實是金錢而不是情感，聽她的描述我都覺得難過，什麼樣的經歷讓她用金錢來衡量付出呢？她有存一些錢，但買不起台北的房子，回她的娘家嗎？她怎麼願意呢？

「我可以去哪裡？」

郁慧哪裡都可以去，最重要的是，要開始學習經營和照顧自己的生活和生命。外在世界的佔有看似一種成就，但沒有情感的投資和經營，我們最後就會產生疏離和孤立感。

「每個人都需要家人和朋友。」

郁慧是個目標導向型的人，專注於自己的目標，她的家人和朋友關係也與她的目標連結，這樣的人是很容易得到現實的成就；但一個人攻城略地，稱帝成王之後，又怎樣呢？現實中我們看到的政客和商人，他們贏得了什麼呢？

如果我們不期待以權位壓榨或控制別人，我們不企圖以金錢奴役或驅使別人，多餘的權位和金錢又有何益呢？生命中真正的財富是情感的交流，人與人之間能彼此信任和友善的互動。郁慧是很獨特的，為了自己的理想和目標，可以把她家庭裡的角色放下，這是許多女性做不到的事。

原生家庭所帶來的影響

「許多事情都有它的因緣。」

郁慧結婚時，因在外地學校服務和先生分隔，不得不把孩子託給公婆，她的公婆那時也剛退休，可以帶孫子，年輕時的郁慧也沒多想，理所當然就讓公婆帶孩子。公婆都是公教人員退休，有能力教導孩子，女兒一直都帶得很好，兒子也都沒什麼問題，上了國中才開始沉迷網路。

孩子都在公婆家長大，她和先生好像只是個客人，假日才會返家探視孩子，後來有機會買到公婆樓上的房子，情況才有一些改善；但親子間一直都沒有很親密的互動關係，每天探視孩子，他們都已經吃完飯做完功課，孩子和公婆的關係遠勝於她和先生。她每個月就分擔一些生活費用給公婆，回顧起來她當媽媽的確很輕鬆，她也樂於把心力投注在學校的活動。

「我不知道自己做錯了什麼。」

先生是公婆的兒子，三個孩子是公婆的孫子，她最近才警覺到她是這個家庭的唯一外人，她是否在家，好像都不是那麼重要，她在外參加活動或受訓，先生和孩子都好像沒什麼感覺。自從和先生分房睡，她就愈覺得自己真的像這個家的房客，只是固定月初去公婆家繳房租。

郁慧做錯了什麼嗎？如果她和先生感情融洽，我想什麼問題都不會有，可是她和先生之間已經很疏離了，兩個人除了孩子共同的話題，生活很難有共同的交集。

郁慧問我她做錯了什麼。我實在不知道該怎麼告訴她，但我一直都有個想法，夫妻和親子都是學習的歷程，當初父母要求要帶我們的孩子，我毫不考慮。不得已時，只好白天請褓母帶孩子，晚上有空就一定接回家，我平常假日和寒暑假都會有全家的旅遊和活動，讓夫妻和親子有足夠的愛與成功的經驗，因此很珍惜和另一半和孩子共處的時間。

有時當然也會覺得孩子是生活中很大的負擔，必須處處以孩子為中心，但家庭是我生命的重心，另一半更是我現在及未來生活的好夥伴，我無法了解郁慧何以會把夫妻和親子關係，帶到這樣一個自我孤立的位置。

「我一直以為我不需要依靠他們。」

郁慧的原生家庭讓她獨來獨往，即使進入婚姻，她也不喜歡被束縛，現在郁慧只認為自己一個人可以活得很好，所以，她有離婚的念頭。她有工作，未來有退休金，養活自己絕無困難。

「妳理想的婚姻和家庭是什麼呢？」

郁慧結婚之前就和先生言明，婚姻不是她事業的墳場，她結婚後仍會以工作為重心，她希望自己的婚姻是有家的溫暖，又沒有家的枷鎖，至於孩子她只是順其自然。由於原生家庭媽媽的影響，她一直不很喜歡孩子，認為孩子是負擔和麻煩。不過郁慧卻很羨慕我們和孩子的關係，一起學習、一起成長、一起創造生命的美好經驗。很顯然地，因為郁慧對婚姻和親子關係的態度，才會造成了今天的結果。

現在的你，選擇未來的你

「如果可以重新開始，妳會選擇什麼呢？」

郁慧還是沒有把親密的夫妻和親子關係列為她的期待，她不喜歡現在這樣的結局，但她卻不知道自己可以選擇什麼。

「妳會選擇單身嗎？」

我覺得婚姻和家庭似乎都不是郁慧要的，她為何沒有選擇單身呢？

「我從小玩家家酒，從不扮演女兒、新娘或媽媽。」

郁慧喜歡的是兒子、先生和爸爸的角色，她喜歡掌控和主導，在婚姻中，她原本還可以主導先生，後來先生不再那麼順服了，對她的意見總是反駁和抗辯，夫妻常為了一些小事爭論不休，他們的婚姻也就慢慢變質了。

如果她的先生依然順服於她，或許今天這個家會更具有吸引力。郁慧不喜歡做家事是可以理解的，她在外也很少提家裡的事，她常和女同事聊天，她都很納悶話題除了化妝品、保養品，就是老公和孩子，她很難和別人聊這些話題，家裡的事就這些，有什麼好聊的。

她喜歡和別人談論計畫和方案設計，她是個很有效率的人，許多沒有頭緒的事到她手上，馬上就可以條理分明。或許是她的性別或角色放錯了位置，如果她是個男人，又遇到完全的女人，以她為中心，順服於她，她或許會離幸福近一些吧。

「妳現在會期待什麼樣的幸福呢？」

在輔導工作上，我們不是依我們的想法去改造別人，而是以當事人的期待，協助對方完成他想要的一切。郁慧沒有答案給我，幸福不是她人生規劃的選項，她的頭腦只有工作的「成就」和「價值」。

我真的覺得她比男人更像一個男人，男人一再挑戰和達成目標的過程中，一定會有倦累的時候，他們會想回家，會追求自己的幸福感。最後順服於他的家庭，做妻子最忠實的朋友，守候著他認定的幸福。只可惜大部分男人都在征戰中迷失了方向，找不到回家的路，郁慧難道也找不到回家的路嗎？

「我是沒有家，不是沒有回家的路。」

郁慧曲折迂迴地繞了一大圈，我現在才比較了解，她並不是不期待幸福和家的人，而是她不知道幸福是什麼，真正的家會是什麼樣子。

重新找回幸福的初衷

「如果妳找得到路，家自然就會在妳的眼前。」

郁慧其實也很羨慕有一個互動良好的家，她小時候去同學家，看見同學的爸媽拉著她同學的手，一起去打球。她有過這樣模糊的幸福印象。可是成長過程中，她要成為一個被人看重的強人，不想再做小角色，只想要成為生活和工作上的主角。她老早就忘了這幅模糊的幸福圖像。

「這樣的幸福，還是妳期待的嗎？」

這是多麼遙遠的記憶，現實中根本不可能發生，郁慧不認為這會是她的生活和生命，她的「家」只是個空殼子。空洞的原因是郁慧不曾認真看重她的家人，她不曾真正投資和用心。

「現在做還來得及嗎？」

郁慧無神的眼睛亮了起來。可能嗎？荒廢的田園有機會重新開墾嗎？

「當然可能，關鍵是妳要明確妳要什麼樣的幸福。」

郁慧描述她剛結婚時，也曾有過一小段的幸福，她和婆婆一起做飯，等公公和先生回家吃飯，她看婆婆總是抱怨她的公公，卻甘心花很長的時間為公公做愛吃的菜，她當時有一絲幸福流過心田。可是她不甘心做一個服侍男人吃喝的女人，這樣的幸福只是短暫的片刻，就不再發生了。她討厭廚房的工作，假日的家族聚餐大都在餐廳解決。

「如果這是妳要的，妳一定可以得到。」

郁慧如征戰歸來的男人，重返她的心靈家園，她可以重新追求她要的幸福，重新和她的先生再戀愛一次。

「找個時間和妳先生約會吃飯，把妳的幸福重新找回來。」

男人的性格是不容易與幸福相遇，除非「他」遇到一個百分之百具有女性特質的女人。學習做一個需要和依靠別人的女人，讓男人有機會服務妳，做妳生活的支柱，幸福不是靠努力，而是知道方向在哪裡。郁慧和她先生在工作上，一直處在緊張的競爭狀態中，想贏過男人而得到幸福是不容易的，表面上，就讓男人贏得所有，最後的贏家一定屬於女性。

如果幸福的家是她要的，就為自己設計一套幸福方案，先從另一半開始，有計畫的投資夫妻的愛的存款，把另一半當成追求的目標，向他求助和討教，專注和信任另一半，會找回她的幸福婚姻。

如果郁慧的先生能得到她的愛，外遇哪會成為什麼問題，別管那些與幸福無關的事物，並給自己明確的時間，三個月或六個月的計畫，而不是馬上或立刻的改變。看著她堅毅的神情，讓我相信只要她想要的，她一定會得到。

閱讀自己

用心經營，投資屬於自己的家！我們誤以為「幸福」是理所當然的擁有，沒有付出，我們就無從收穫；沒有投資和經營，我們就不會有營收。

每一天的每一片刻，我們都投資自己，關心我們每一個家人。

你付出真誠和愛，就會得到溫暖和感動。

你漠視不肯付出，自然就會愈來愈窮！

10 創新

給自己的幸福計畫

雖然幸福遲了幾十年，但還不是遲了一輩子。

有「愛」和「幸福」的家，就再也不缺其他了，這真的很簡單。她卻要計較頭銜和金錢的數目，沒有「愛」，佔有再多，也都只是個貧窮的乞丐。

寫下屬於你的幸福計畫書

郁慧很慎重其事的寫下她的幸福計畫書，她要在三個月內找回幸福的婚姻，六個月找回幸福的家。我看她傳給我的信，心中有一種難以言喻的感動。她非常積極和認真，有一個非常重要的原因，她浪費了幾十年的生命在追逐不屬於她的人生，她已經知道自己要的是什麼。她不想錯失任何一丁點，她的計畫看起來很像小學生的暑假日記，我感受得到郁慧想要贏回屬於她的幸福的決心。

她的計畫書如下：

我林郁慧要做一個幸福快樂的女人、太太、媽媽、女兒和媳婦。

我願意為了我的幸福和快樂，付出所有一切。

我要每天都很用心的感恩我自己、孩子和公婆。

我相信幸福是每一片刻的投資。

我要堅持每天都存入「愛的存款」給我的家人。

我早上醒來都要帶著喜悅的能量，感恩這一天的所有恩典。

我要用最燦爛的笑容獻給我自己和每一個人。

林郁慧是世界上最棒、最幸福、最快樂的人。

我要讓我的家充滿幸福和快樂。

我堅信我的努力一定會得到最好的回饋。

改變，就是當下的行動力

看到郁慧的信，心中十分感動，她是個充滿行動力的人，她的第一件事是先和自己和好，不論遇到什麼事，她都要感恩和珍惜。她約了先生吃飯，對方以為她要談離婚，所以，板了一張很臭的臉，準備要和郁慧打一場生死戰。

郁慧把她寄給我的信做成了一張謝卡，拿給她的先生，表達這二十幾年的婚姻中，她的迷失造成了先生和家人的辛苦，她知道她不夠好，但她願意學習，請先生能寬宏大量給她一個機會。時間是三個月，如果她做得不夠好，先生只要有所不滿，她就任憑先生的意願，要她離婚或搬出去，她都無話可說。

她的先生聽她一再地自我檢討和感恩，也覺得自己也不是一個好先生和好爸爸，後來郁慧才知道她的先生因有多位女朋友，弄得他十分困惑。他疑惑郁慧又再耍什麼心機，剛開始根本不相信郁慧說改變就會改變。

「聽其言，觀其行。」

這是她先生當初的想法，如果郁慧真的改變了，他也厭倦了周旋於女人間的許多麻煩，他也想回到家。還好他這幾年都很小心，沒在外面播下任何孽種，郁慧告訴我，如果真的發生了，她也願意給先生機會，好好的照顧他的孩子和愛人。

我真的無法想像和相信，郁慧的想法是什麼。她是個目標導向型的女人，一旦確定要什麼便一定會做到，她要的是幸福和快樂，是一定要，而不只是想要而已。她根本不在乎她的先生有多少女人，她只在乎她要的幸福是否能得到。她不想改變她先生，但如果她的支持和接納可以讓她得到她要的一切，為什麼要在乎那些意外的事件呢？

郁慧把生活的重心放回家庭，她很少打掃屋子，於是第一件事便是用了整整一週的時間，把家整理得乾乾淨淨，把先生的房間也很仔細地打掃，也給自己的房間做了全新的布置，她邀請先生重回他愛的小窩。郁慧也主動協助公婆家的大小事務，在母親節時，她特別買了婆婆一直想要的名牌包，還在家做了一頓豐盛的午餐，邀請先生和兩個孩子陪她回家探望她的媽媽。她每天出門前，一定會先到公婆家問候和感謝；回家第一件事也是先到公婆家，看看有沒有什麼可以幫忙的。剛開始老人家當然都很不習慣，她用了我的話。

「習慣是從不習慣而來的，多做幾次他們自然就習慣了。」

郁慧充滿著活力和希望。

「我不管結果如何，我只注意到我付出了什麼？」

「我付出什麼，自然就可以得到什麼不是嗎？」

我心裡還有點擔心，郁慧會不會改變得太快，讓夫家難以適應。她卻認為知道自己要的是什麼，為什麼要輕言錯過呢？她很開心地一步一步找回她要的家。

男人、女人與做人的道理

「和先生相處得還好嗎？」

郁慧臉紅了起來，她和先生分房了好幾年，有幾次先生向她求歡，都被她冷冷拒絕，她一直以為她是個性冷感的女人，根本不需要「性」，可是她從我的《看見男人》一書，了解沒有性的婚姻是不可能有幸福的。她主動邀請先生回「房」，她告訴我，關上房門她就學習做一個「浪」女，她的先生似乎很滿意，接連幾天都早早回到家與她溫存。

「我第一次嘗到幸福的感覺。」

這幾週，郁慧體會到生命中很特別和不一樣的感受，在此之前，她覺得為人妻、人媳、人母都沒什麼重要的，她喜歡做家庭以外的事，因為這些事可以給她光環和掌聲，家裡的事瑣碎又沒有成就感，能應付得過去就好了。她繞了一大圈，嘗到了生命中難得的種種挫敗，才讓她有機會停下腳步，仔細去思考什麼才是她生命中真正想要和需要的。

夫妻、父母和為人子女，的確沒什麼特別，做好是應該的，也不會有人給予掌聲和肯定；但這些角色如果是失敗的演出，我們在其他地方再有成就，都會因而失色。然而，這些角色看似容易，其實要把這些角色演好，還真是生命中極大的挑戰和考驗。

郁慧重新領會到，自己這幾十年來，從未重視和關心過她周遭這些重要的生命，而這幾星期她的努力，讓她發現了解自己都如此困難，了解別人或讓別人了解自己，當然更不容易。她諒解他們對她的冷漠和質疑，她很清楚，所有的努力是為了自己要有一個真正有愛的家。

「學習了很多，尤其是夫妻之間的互動關係。」

郁慧和先生有多年的疏離，彼此除了生活上必要的交談外，向來都是相敬如冰，維持著一起生活，但彼此互不往來的互動關係。郁慧抱定決心，與其去外面找戀情，不如重新利用家裡的資源，她每天都在練習如何愛一個人，如何讓別人知道她的愛，她重新再戀愛追求她先生一次，這次比年輕時更認真。她要的是真愛和一輩子的愛，她把所有的注意力放在先生的各種需求上。

「性」對男人真的很重要，她和先生重新有了性接觸，先生傲慢的態度就有了很大的不同。她用最大的努力讓先生得到最大的滿足，她自己也得到了很大的慰藉和情緒上的紓解。溫存後她趴在先生身上流淚，她有一種很深的感動，這個男人原本是她不屑再碰觸、準備要丟棄的，現在卻是她的恩人，讓她找回了信心和勇氣。

她用她能做到最柔軟的心去撫慰先生，她明白的把她的心路歷程和先生分享。過去她不懂得如何「做人」，她是如此的自私和粗暴，她需要先生的幫忙，她想要一個真正的家，請先生給她學習的機會。

郁慧知道她是經歷深層自我探索才找到回家的路，而她先生連探索自己的門都尚未接觸到，她不期望先生馬上給予她要的回饋，她給自己三年甚至更多的時間。夫妻本該是同林鳥，她看到她的媽媽含淚服侍她的男人，她不想扮演這樣的角色，她要做一個家庭喜悅和幸福的經營者，先生只是她練習愛與被愛的角色。

先生要不要學習、成長或改變，並不在她的計畫中，她要看見的是自己的改變與成長。就如同她和兒子的關係，她不再要求他依照父母的期待去努力，她只是很小心的陪著他，讓他知道真正的媽媽已經回家了。不管她的兒子作息如何不正常，她最多只是幫兒子倒杯水或泡杯牛奶，他頭也不抬的專注在他的線上遊戲；但孩子把杯子裡的水和牛奶喝了，接受了媽媽的善意和關懷。接下來就比較容易了，邀他去吃個東西或聊聊天，讀書或要不要升學，郁慧知道沒那麼重要，親子互動的關係才是真正改善的關鍵，郁慧給自己半年的時間，來培養親子間的互動關係。

家庭需要時間經營

十幾年來，她都沒有真正用心在孩子身上，孩子和她都需要時間，對她的女兒也是如此。她女兒生日，她邀請她去一家特別的餐廳用餐，她為女兒準備了卡片和小禮物，謝謝她的女兒，一直把自己照顧得很好，讓她不用為她操心。她也表達了一個都在忙著自己工作的媽媽，只想到努力達成自己的人生目標，從未想過她還有許多重要的角色要擔任。郁慧最想當的角色是女兒的媽媽，她想到小時候曾為女兒梳過頭，綁過辮子，她心思敏感的女兒突然哭了起來，要媽媽告訴她到底發生了什麼事，媽媽得了癌症要離開她了嗎？

「看到女兒哭得那麼傷心，我好心疼。」

郁慧的女兒一直都在等著媽媽有空能陪陪她，她等了又等，而今她都已經上高中了，她再也不敢奢望了，她退還媽媽的禮物，什麼都不要，只要媽媽不要離開，郁慧抱著女兒嚎啕大哭。媽媽沒有得癌症，也沒有要離開她，只是迷路出走的媽媽回到家而已。郁慧和女兒吃了一頓和著淚水的晚餐，她和女兒約定，再忙，母女倆每個月都要偷偷約會一次。其實那天回到家，她和女兒牽著手，覺得好幸福。她邀請女兒搬回家，爸爸原先住的房間可以空出來，她很希望一家人能真正團聚。

「幸福真的很簡單。」

郁慧原先的目標，是要三個月才能讓大家認識全新的她，沒想到才短短的幾週，她的家已經不一樣，她也完全改變了。幸福真的沒有想像中那麼遙遠和困難，郁慧自覺欠家人太多了，一如她女兒的擔心，如果她真的得了癌症，只剩三個月或半年才覺悟自己幾十年來的努力和操心都不是她要的，她現在一定會很悲哀。

還好，雖然幸福遲了幾十年，但還不是遲了一輩子。她這時才恍然大悟，我書裡一再的表白要做一個簡單和容易的人是什麼意思，有「愛」和「幸福」的家，就再也不缺其他了，這真的很簡單。她卻要計較頭銜和金錢的數目，沒有「愛」，佔有再多，也都只是個貧窮的乞丐。

這些關係中，郁慧覺得夫妻是最難的，她和先生和好的幾天，都很幸福和美滿；但關係變好了，先生就有一些要求和期待出現。她的先生沒有參與她改變的歷程，所以，並不了解郁慧何以會有一百八十度的轉變，他享受著郁慧的溫柔服侍，郁慧有幾次差點被激怒，心想自己已經改變了，為什麼先生卻沒有改變呢？

在愛的關係中調整自己

「妳是為自己的幸福，還是為先生的幸福而努力呢？」

郁慧一再的提醒自己，一切都是她願意的，她為自己的幸福而付出，她是在學習，先生、孩子、公婆、媽媽是她的顧客，她要學習讓他們百分之百的滿意，她寧可身心勞累和付出，也要得到她要的幸福。對她最大的考驗，是她發現先生仍和外遇對象往來，身上的衣服甚至都有著別的女人的香水味，她不明白自己願意為幸福付出，如果先生不珍惜，她會得到她要的幸福嗎？夫妻是一體的，郁慧的改變會不會半途而廢呢？

「我相信我們的改變，會讓我們周遭的人跟著改變。」

關鍵是我們的付出是有目的和期待的，我們和另一半及家人間的愛便不會流動。愛是無所求的付出，付出的同時，我們已經享受著愛的恩典和禮物，如果我們的付出，沒有讓我們得到喜悅和幸福，表示我們是以愛為名，做了與愛無關的事務。

「毋須在乎這些，先生是否改變與愛無關。」

郁慧需要更多的時間，讓她的先生了解真愛和性慾之間的差異，性的衝動一旦發洩完，內心就會開始不安和懊悔，愛卻會讓我們得到寧靜和真正的滿足，郁慧需要給先生更多的時間和機會認識、了解這份愛。

「對我們的愛要有足夠的信心。」

我也不是一開始就認識這些，我和郁慧一樣也是有過重重迷失。男人比女人更難認識愛，男人的頭腦很容易被性所打擾，生理上的性慾，加上視覺上的刺激，男人就會有許多性幻想，大部分男人都止於性幻想，因為沒有情境和機會；只有少數的男性會警覺到自己生理的需求和性幻想，讓內在的性衝動能合宜的釋放。

自我的控制能力來自持續不斷的自我覺察；但無論如何期待男人完全的忠誠，沒有任何性幻想，是不太可能的。我希望郁慧能再重讀《看見男人》這本書，它要傳達的真正訊息，不是縱容男人為所欲為，而是協助男人認識真正的「愛」和

「性」。男人的「愛」和「性」是很難分開的，和女性有著很大的不同，一個男性在十幾歲時，內在充滿著性驅力時，頭腦的理智是很難左右性的趨力，一直要到四十歲過後，才比較有機會去享受沒有性的愛；但「性」仍然是很重要的。

郁慧很聰明，馬上聯想到一些藝人在電視節目中談的兩性關係，女性藝人赤裸裸地提到，每天回到家都要老公「清槍」和「繳械」，這樣的陳述好像漠視了男人的頭腦和能力；但不可否認，男人在生活中很難沒有「性」，有些男人只是轉化在他的工作和專注的事物上，暫時隱藏「性」的需求罷了。

有愛，方能成就彼此

「我不懂。為什麼我認識的男人大部分都安於家室，而我的先生卻不是呢？」

不是每一個男人的性需求都是等量的。幸運的男人，內在的性激素分泌沒有那麼旺盛，他的內在男性特質的比例沒有那麼高，他有比較好的自我控制能力，最重要的，可能他很幸運，性驅力高漲和機會都沒有重疊在一起。一個精囊飽滿和空虛的男人，性對他都有吸引力。不同的是精囊飽滿的男人，自我控制能力會降低，男人要有著高度的警覺，防範自己陷入一個容易受誘惑和失控的情境。生物的本能讓年輕貌美和穿著暴露的女性，對男人具有絕對的吸引力，如果沒有足夠的警覺，男性會重複在同一個地方跌倒，毀了他所有的努力和成就。

「諒解妳的先生，他需要妳的協助，才能找到他的愛。」

郁慧的先生出軌，她要負什麼責任呢？一個把所有精神全部投注在工作的女人，不把男人的性驅力當成重要的一回事，期待男人看顧好自己，是很不容易的事。男人要的不只是性，而是滿足「性」過程中的「愛」，男人可以用金錢買到「性」滿足，或是可以沒有「愛」的「性」；但那樣的「性」是生物本能的發洩，對一個男人的成長與提升沒有幫助。

一個男人要壓抑自己內在的性需求，或否認自己的性驅力，只能在人前偽裝自己，他是很難面對內在的衝突和抗拒，「性」是生物最原始的本能，忽略它的存在，夫妻很難找到真正的幸福。

「用愛成就妳的先生，就讓他從性的趨力中解脫吧！」

郁慧開玩笑的說：

「一天來三次夠嗎？」

閱讀自己

創新，給自己的幸福計畫。

你不滿你的擁有和一切，

你可以繼續抱怨和生氣，

你也可以給自己一個全新的機會。

重新閱讀自己，打開自己生命的地圖，重新繪製自己人生的地圖！

你要什麼呢？

你要去哪裡呢？

你要自己的未來有什麼樣的境遇和生活呢？

創新！就是清楚的打開你的書本。

用心閱讀自己，重新規劃和完成自己全新的劇本！

讓自己的每一刻，都欣然的悅讀自己。

11 堅持

看見改變的力量

生命的覺醒來自我們從迷惘中找回自己要的路。一旦找到自己生命的方向，就要堅定信念，堅持下去。

我們要看見我們改變後的成長，而不是貪求這個世界要如我們意的立即翻轉。

我們都有「情緒的波瀾」

郁慧的改變，造就了她和所有的家人；但幾週後她再來找我，神情卻十分落寞，她覺得自己無力再繼續，她學習用最大的諒解和包容去面對另一半和家人，他們漸漸地習慣了，態度的改變卻很有限，尤其是她先生，口氣和態度常讓她抓狂，比如他的習慣用語：

「妳怎麼搞的？」

「我不是跟妳講過了嗎？」

「妳怎麼又這樣呢？」

「妳不要自以為聰明，樣樣都行。」

「我希望這樣的事不要再發生了。」

「妳怎麼又忘記了。」

讓郁慧最受傷的話是「我不是沒給妳機會」。郁慧忍著不反駁和回應，但她真的受不了，郁慧壓抑很久的情緒，終於放聲哭了出來，我心裡也有些疑惑，她這樣做有哪裡錯了嗎？

「我真想算了。我常被氣到頭痛和失眠。」

人類真的是欺軟怕硬嗎？一個誠心誠意願意學習和改變的人，為什麼沒有得到應得的回應？是哪裡出錯了嗎？難道和學校的學生一樣，對寬容的老師，學生總會沒大沒小不知分寸；但學生是需要教導，難道郁慧的先生是個成年人，是個資深的教育工作者了，也需要教導嗎？或許郁慧的先生自省的能力確實不高，我很好奇，郁慧遇到對方負面的對待時，她是怎麼回應的呢？

「不講話。我怕一開口就講出難聽的話。」

只要郁慧不講話，她的先生就會有點情緒失控，郁慧有點像是回到小時候被繼父冷落和對待的模式，她曾下定決心絕不讓任何人用這樣不尊重的方式對待她，誰敢這樣，她一定讓對方難過。郁慧的內在充滿掙扎和衝突，她已經下定決心，要做一個給自己幸福和快樂的人；但她演不下去了。依過去的模式，郁慧一定會反駁，並用言語或肢體動作，讓先生氣急敗壞，不敢再頂撞她。

「這個男人算什麼呢？他不值得我愛他，不值得我為他改變。」

郁慧情緒失控，頭腦也錯亂了，可以理解她是如此的努力，而她的先生卻無法跟上她的改變。我想這是互動溝通的問題，她的先生已經習慣了用指責和命令的方式與下屬互動，郁慧若是像以前高傲的態度，她的先生姿態就會低一些，要不彼此就發生衝突，衝突一多兩個人就不願再多溝通，夫妻都很強勢地要對方屈服，是很難有和諧的互動關係。

郁慧願意學習縮小自己，以謙卑的態度來服侍先生，男人的自省和覺察能力，通常不及女性，先生會有這樣傲慢的反應，以乎也是合乎情理，郁慧的受挫是有原因的。

「妳的先生用這樣的態度對待妳，妳聽見妳內在的回應是什麼？」

郁慧自我的概念認為自己是優秀和傑出的，她自幼一直都名列前茅，先生也是如此，當別人用質疑或指責的態度相對待，她的內心就會有一種被羞辱的感覺，本能上她會反駁和對抗。一個自視高傲的人內在是很不安的，如果對方沒有抗拒，他會誤以為自己是對的，進而強化了自己的想法和態度；如果對方有異議或挑戰他的權威，通常他就會惱羞成怒的用情緒來掩飾自己的不安。

每一個人的內在都有一些自卑的情結，來自貧窮的成長過程，會令許多人強調自己的外在。我以前在公開的場合一定會穿西裝打領帶，即使夏天再熱也要如此，以顯得自己的成就非凡，因為只要這樣的穿著，到會場都會得到禮遇，後來我自覺自己原本就是很平凡，無須再偽裝是有地位和成就的人，穿衣服以自己舒服為原則，有許多時候到演講會場，主辦人根本就認不得我，甚至把志工或助理當成是我，我也無所謂。

我不認為我是專家或有成就的人，我也不期待別人的恭敬和禮遇，當然，對別人的誤解和冒犯，我就更能以一顆平常的心應對。我的確有許多不足和不夠好的地方，別人誠實的告知，我謝謝他們的信任和幫助。

如果我們期待別人都以「禮」或「理」相待，我想人與人就會有距離。別人的粗暴是給我們練習的機會，傲慢不講理的態度，何嘗不是給我們更大的警惕。一個人不懂得珍惜別人的看重和禮遇，被看輕的絕對是他，而不是我們。

別讓家園變成一片荒蕪

我沒有直接和郁慧談她的問題，如果我指責她先生，她會認為自己是對的，她的傲慢就會升起；如果我認為她不夠好，她一定會拿先生來比較，她之前的努力就會白費。

沒有人是絕對的對或錯，而我們要清楚自己要的是什麼。先生只是慣用這樣的態度對待別人，一個老闆和主管如果忘記了他曾經也是員工和別人的部屬，便會認為自己沒有什麼不對，對員工和下屬就是要嚴格。如果我們不知道夫妻沒有上下尊卑，兩個人如一隻鳥的雙翼，必須兩個人都一樣好，才能讓這個家飛到我們要去的方向。郁慧沒什麼不對，她很努力，但她要有更多的了解和等待。我提醒她，給自己和這個家的時間是三個月、半年或者三年，而非三天和一星期，她已經把荒廢的家園重新清除雜草和修整了門面，她的努力已經讓這個家開始不一樣了，如果她現在停止或又回到了原來的路上，一切不都白費了嗎？要是她放棄現在的努力，想要再一次改變的可能性就會沒有了。

「郁慧，妳真的很有勇氣和智慧。」

走過這樣艱辛的一段成長之路，有多少人願意花這麼大的決心改變和學習呢？

生命的覺醒來自我們從迷惘中找回自己要的路。一旦找到自己生命的方向，就要堅定信念，堅持下去。這段期間，郁慧雖有挫折，但她已經是一個有家的人，不再疏離和孤立。我們要看見改變後的成長，而不是貪求這個世界要如我們意的立即翻轉。外界的一切要不要改變，我們無權做主，我們只能堅定自己對幸福和喜樂的追求。夢想就在前方，有什麼理由放棄努力得到的豐碩成果呢？

「妳想再回到過去的妳嗎？」

郁慧真的很聰明，我只是這樣輕描淡寫，她就能領會我要說的是什麼。她想要多了解，未來再有類似的狀況發生時，她要如何應對呢？

「在心裡默默的感謝先生，他給予妳再一次的考驗和學習的機會。」

郁慧要改變老師的習慣，少用教導句訓示別人，男人是不被教導和改變的，只有柔軟的心，才能讓堅硬的男人毫無抗拒地改變自己的頑強和固執。剛開始，我們都以為石頭改變了水流，但水流從未改變過，改變的是水流經的石頭。

不需要去辯解和反駁，只需靜默的感恩和祝福，當我們的內在是平和和柔軟的，便沒有什麼事物可以傷害我們。當我們內在是光明和喜悅的，我們才可以照亮自己和別人。郁慧的先生如果再有類似的言行，就珍惜這樣的練習機會，靜默不語的感恩和祝福他。他是一個很棒的人，只是還沒有找到對的路走。

儲存愛的存款簿

「你為什麼不教我用溫和的方式回應呢？」

溫和堅定的態度是老師和父母教導學生和子女的原則，原因是要帶領他們走到對的路上，這是以上對下；如果對待我們的另一半，我們很容易就激怒對方，男性是不給別人帶領的，「他」只想帶領別人和教導別人。在彼此愛與成功的經驗尚未足夠時，任何的言語都可能激發無謂的衝突，留下不愉悅的經驗。如此辛苦經營的婚姻，需要的是愛與成功的存款，而不是這些負面的經驗。終有一天郁慧的先生會懂得郁慧的努力，愛是不需要解釋的，如果郁慧的「愛」是在的，就毋庸擔心。

「因為愛，妳願意。因為愛，妳喜歡學習和成長。」

沒有挫折，只是愛暫時「不在」，就像黑暗的房間，不需要和黑暗戰鬥，只需要打開心窗，讓光進入我們的心房。沒有什麼好擔憂的，我們如果對愛都沒有信心，我們的生命還有什麼希望呢？郁慧的先生是被情緒帶領的人，他根本就不曾覺察自己的言行，真正要傳達的是什麼。跟一個連自己都不了解的人爭辯是非，只會製造更多的事端。想要讓男人完全的順服，需要時間和耐力，最重要的是，對愛要有百分之百的信心。

「相信愛，我們就會看見改變的希望。」

郁慧還是不明白，從小被教導要努力的作為，來到我這裡，我卻教她要放棄努力，靜靜的等待，水會很自然的繞過堅硬的石頭繼續前進。堅硬的石頭從未阻擋得了水。最重要的是看顧好自己，學習一些可以保護自己情緒和感覺的習慣。

其實，郁慧可以謝謝她的先生。

謝謝他的提醒。

謝謝他的耐心。

謝謝他願意提供意見幫忙她學習成長。

然而，謝謝一個給你羞辱和難堪的人，會比對抗對方更有力量，更重要的是，你不會因他的不夠好，而懲罰自己。

「這只是習慣，剛開始會很不適應。多做幾次，就會成為妳生命的一部分。」

郁慧還是有許多疑惑：只要她改變，她的婚姻就會改變嗎？如果是這樣，那些家暴事件又是怎麼發生的呢？

一個男人情緒受挫，很自然就會有言語和行為的暴力，但是他好過嗎？我沒有看過任何一個家暴的加害者是幸福快樂的。他們都很苦悶，當別人令他不舒服時，他們也習慣給別人不舒服的回應，他們用最粗暴的言行表達自己的憤怒和痛苦，他得到了什麼呢？只有更大的痛苦和折磨，我們有什麼道理要折磨自己和親密的家人，最後還毀掉了自己的幸福和家庭呢？

「毀掉這一切的美好，只因我們習慣不好。妳甘心嗎？」

「只要養成一個好的應對習慣，幸福自然就會到來，妳不願意嗎？」

為了親密關係的互動而改變

郁慧的先生也沒有什麼問題，他只是不知道自己要什麼。一個沒有明確目標的人，就不可能知道自己要怎麼做，該怎麼去努力。一切的言行都隨著自己的情緒起浮，郁慧覺察到之前的自己何嘗不也是如此，我們的紛亂就會導致周遭人的紛亂。如果郁慧的先生願意一起學習改變，當然是最棒的一件事，我希望郁慧有機會能帶她的先生一起來找我談談。

「難道我的先生不改變，我的人生就註定要讓他這樣蹧蹋嗎？」

郁慧這段期間真的受了不少委屈，對她的先生有著很多的不平，這可以理解；但沒有理由因此而放棄努力。

「改變我們應對不舒服情緒的習慣，便可以輕易跨越這些障礙。」

當別人讓我們不舒服，我們會本能的防禦自己，改變自己的情緒，從愉悅平靜轉為憤怒，以利自己對抗不利的言行，這是自我的防衛本能，也是人際互動中很大的障礙。我們常會被對方突如其來的動作所激怒，我們的負面情緒也會導引對方的緊張和憤怒，一個高EQ的人不是沒有情緒，而是他懂得察覺自己的情緒，不讓負面的情緒影響我們的人際互動和生活。

「這道理人人都懂，但要怎麼做呢？」

大部分人都知道生氣是一件不好的事，而我們卻很容易被激怒。郁慧選擇了忍耐，但只是忍耐會讓自己否定自己，最後難免引爆蓄積的負面能量。改變一下我們應對不愉快經驗的習慣，一方面減弱對方的負面言行，另一方面安撫自己努力而未被重視的委屈。

例如郁慧的先生再用尖銳和不舒服的言詞對待郁慧時，謝謝對方的提醒；但很正式的回應，會讓彼此都有些難適應，不妨把這句話改成台語或英文，讓聲音變慢和低沉，很像悶著罐子講話，或是帶著玩笑的口吻說，「遵命老闆」、「是的，謝謝您的提醒。」因為郁慧的不回應，並不表示她同意先生的指責，而是怕影響彼此已建立的良好互動關係。她不是沒有回應，而是在內在回應給自己聽，她不舒服的情緒，會不斷的累積而爆發。

人際互動是很複雜的歷程，每一個人在當下的片刻，都有著不同的想法和感受，注意力也都不一致。夫妻是親密的相處關係，和一般人保持著距離有所不同，我們準備好了，對方可能還在摸索。如果我們輕易就放棄努力，之前的苦心就都白費了。學習尋找彼此互動的模式是很重要的，親暱的私密稱呼和獨特的用語，都有助於彼此關係的潤滑。

郁慧的原生家庭，繼父和生母的互動是很傳統和僵化的，她很難用一個比較有趣和幽默的方式來進行夫妻互動，是可以理解的；但她和孩子間的互動卻可以有明顯的改善，她稱她的孩子「尼歐」，因為她常謝謝她的孩子「謝謝你哦」。其中「你哦」就是「尼歐」的諧音。

簡單就是一種幸福

夫妻是很獨特的人際關係，郁慧以前常想要贏過她先生，得到她先生的看重和愛，她現在已經知道那是不可能的，她要學習做一個柔軟和溫暖的人，很自然的就把先生的位階給抬高了，她以「卑下」服侍「尊貴」的先生，其實這不是好的定位，夫妻互動應該是充滿著彈性和變化，時強時弱，時鬆時緊。

若要很正式的互動，夫妻的情分就會流於形式，理講太多了很自然就會薄情，「情」才是夫妻間最重要的潤滑劑。夫妻之間沒有什麼原則和道理可言，彼此都歡喜才是最重要的。夫妻相處應該可以「童話」或「卡通」，有時也可以很KUSO無厘頭和爆笑，我就是我們家的「蠟筆大新」，搞笑中常夾雜著一點性和情色暗示，洗完澡我們家常會有人穿著「國王的新衣」，裸著身體在客廳走來走去，有時其他人會尖叫，或捲起紙筒當望遠鏡偷窺。有一次我的孩子裸著身體到處跑，我拿著相機假裝拍照，把他嚇得嘰嘰叫。

「家應該充滿著歡樂，而不是規矩。」

夫妻之間應該像米飯的廣告，要有點「黏」，又不能「太黏」。彼此有著獨立的世界，卻又能息息相通。夫妻能夠用心經營，成為彼此的知己和各種不同角色的夥伴。生命的旅程中，我們要扮演人子〈女〉、人夫〈妻〉、人父〈母〉，親友或同事；但沒有一樣關係像夫妻如此親密和長久，最終陪伴我們老去或是留下孤獨的，也是夫妻關係。

我把另一半看得比什麼都重要，我知道現在和未來的生活，她和我緊密關聯，我在其他的關係和成就上有多偉大的表現，都不及回到家能有個了解我、懂得我和支持我的另一半。女性在家中看似付出和承擔的角色，但善用女性的特質，放低自己的身段，有智慧的把舞台和表現機會留給先生，我們會發現在一個家裡，真正有影響力和主導一切的是女性，而不是男性。

夫妻之間，有的是時間，可以慢慢的學習和改變。男性的動力來自於他想要和願意，能協助另一半和得到另一半的支持和肯定，那可是最大的成就和滿足哦。

閱讀自己

堅持，便能看見改變的力量。你可以放棄所有的努力，回到過去的一切；但你也可以堅持改變，習慣來自不習慣的過程。

為了健康，我堅持每天運動；為了幸福，我堅持每天都投資自己的愛，為的是讓生命豐富和精彩。

我堅持選擇不曾走過的道路，你的堅持，讓你的生命有光有熱！

但如果你堅持不肯改變，我尊重你的選擇，你要欣然接受和面對自己的堅持。

12 體諒

「心」工作的開始

如果我們用指責和命令的方式去對待別人，做人真的會很難；如果我們是用學習的心，去和每一個人接觸，把每一件事和每一樁遭遇，都看成是學習的機會，用珍惜和感恩的心去經歷，再難相處的人，都會化解隔閡。

從「心」出發的方向

郁慧慢慢地在家裡摸索出自己的位置和方向，她在校長的職位上也有全新的體驗。她因人際互動的關係，讓她備受挫折，所以，她幾度想退休或回到基層任職。

在家裡她和先生、孩子的關係重新改變，也讓她體會人際互動需要的是用心和投入時間。

為了走出孤立，她學習走動管理，每天早上巡視教室，遇到每一位師生，不再找他們的缺失，而是看他們的努力和付出，她不斷的給予老師和同學讚美和肯定，代替以前「校長規定」，她發現校長沒有那麼重要，老師和學生每一個體的表現才是重點，她的角色從督導轉換成激勵。

以前各科室送公文到辦公室等她批示，為了效率她常請相關同仁到她辦公室，她一直以為她是個很人性的校長，校長桌前都擺了椅子，請同仁坐下來，她坐在大大的桌子背後指示同仁該怎麼做。公文常來來往往，有些年輕沒耐性的同仁會覺得她在找麻煩，為什麼有事不一次講清楚，要讓他們一改再改。

如今郁慧為了走出她的校長室，她看完公文會用鉛筆在便條紙上記下所有問題，也不再請同仁到她辦公室，而是親自走到這些同仁的辦公室和位置。剛開始同仁不太習慣，後來就覺得要送出去的公文，要讓郁慧跑好幾趟很不安，於是公文幾乎都是一兩次就敲定，簽完的公文，她都會選擇幾件比較重要的，親自送還給當事人，並和對方聊聊，謝謝他的用心和努力。如果遇到意見不合，也不再是不經大家討論，逕自裁決要怎麼做。

「我對這件事了解不多，我可以多了解一些同仁這樣做的想法嗎？」

「每一個學校的經驗都不同，我們過去的經驗，這件事都是怎麼做的？」

「我不確定這樣做是不是一定最好，同仁們可不可以給我一些寶貴的意見？」

「按照規定這樣有點行不通，我們大家一起想想，怎麼做才能於公於私都有個圓滿的交代呢？」

郁慧不再認為校長是做抉擇、負成敗的人，校長是行政人員和老師的朋友，協助他們、支援他們達成該完成的任務。以前她要身兼數職，協助同仁完成他們的工作，甚至還把班級表現不好的學生留在校長室自習和完成功課，把自己操到神經錯亂，現在她看起來更忙，經常在各處室走來走去，有一位老師因惡性腫瘤要治療，臨時找不到代課老師，她和各處室主管商量，每個人分擔二到三節課，還常去探望這位老師，並報告教學進度和同學的好表現，讓她能夠安心治療，並和人事單位協商，怎麼請假對她的權益最有利。

她覺得校長的職位經常有機會幫助別人，校內清寒的學生，她主動發起「涓流基金」，教職員工和家長，每月小額讓贊助無力繳學費和午餐費的學生可以安心上課。她不懂自己以前的想法，過去她總扮演上級，在管控和審核各處室和同仁的需求，經驗告訴她，不好好管制就會失控。使得她和各處室同仁站在對立的角度，而不是夥伴。

在家裡好像也是如此，父母和孩子是夥伴，而不是上下、尊卑和管教的關係。郁慧似乎換了一個人，她發現做別人的夥伴比長官容易，她是不是要續任，不是她現在思考的問題，怎麼在工作和職位上重新定位自己和學習，才是她看重的。

你想成為什麼樣的人？

「當校長，真的沒什麼了不起。」

郁慧會有這樣的感慨，源自她的養成教育和工作歷程。她被教育訓練成服從和盡責，她經歷過的學校和職務，也在磨練她如何做一個卓越和成功的領導人，所以，她一直注意自己的專業和學識背景。她自覺自己超過十幾年的主任資歷，經歷各處室的事務，對學校行政工作瞭如指掌，當校長應該是駕輕就熟。誰知她一再受挫，她的心得是她只會做事，不懂做人。

「妳發現了什麼呢？我可不可以有這個榮幸與妳分享呢？」

郁慧初任校長，對自己有很高的期待，她希望把這個被貼上負面標籤的學校，整頓成全縣第一流的學校。她很有企圖心，她的注意力全放在如何把事辦到最好，而忽略了做事的人根本不了解她的想法，最重要的是，她的企圖心和目標並沒有什麼不對或不好，只是這樣的目標未必是全體教職員生所期待的。

許多時候我們會認為每一個人都會有榮譽感和上進心，但有許多人並不是沒有，只是專注的不是學校的榮譽，而是把手上的學生照顧好。當然也有一些人抱著領薪水做工的心情，希望事情愈少愈好。大部分的教職員，都是願意把事情做好的人；但他們如果只是被支配和派遣的人，就會產生抗拒心，任何的職位都一樣，每一個人都期待別人的信任和賞識。如果彼此沒有足夠的信任，任何形式的溝通都會事倍功半。

「能體會這麼多，真是不簡單。」

郁慧偷偷的告訴我，這是從她兒子身上學到的。任何人的內在都難免有個叛逆的孩子進駐，當我們不再改變或期待對方，只是很用心和他保持良性的互動關係，把決定權交還給他們主導，許多時候我們會有意外的收穫。古人講的「事緩則圓」，郁慧之前根本無法體會，任何事都講求效率，若想立竿見影，人沒搞定，什麼都是白談。

人沒有絕對，只有應對

「就像盧老師說的，要有『情』才好辦『事』。」

郁慧這兩年經歷如此多的波折，是她以前無法想像的，她從不認為做事有什麼難處，因為她都是在業務單位，只要搞定自己，別人不配合她一樣可以完成；但學校是一大群人，要讓大部分人認同，真的是需要時間，慢火的「烹煮」。她現在雖還是想要把事做好，不過她優先看到的是多數人的感受和想法，多些時間給同仁陳述意見和做決定。郁慧也學會了親職教育中，面對青少年，退一步給孩子決定的空間，她常問孩子：

「讓我知道你的想法，好讓我有所準備來配合你、支援你。」

校長是服務業，支援服務行政人員和老師、學生，當第一名的校長，還不如做一個別人歡迎的「笑」長。郁慧自覺一個人認真的懂自己，就不會為難自己和周遭的人，一個不快樂和不幸福的人，只會製造出痛苦給別人。教育更是如此，有了不快樂的校長，就不會有快樂的校園。

「我很認真在學習，做一個快樂的人，每一天、每一秒都要快樂。」

郁慧額頭上閃著光彩。做人真的很難嗎？如果我們用指責和命令的方式去對待別人，做人真的會很難；如果我們是用學習的心，去和每一個人接觸，把每一件事和每一樁遭遇，都看成是學習的機會，用珍惜和感恩的心去經歷，再難相處的人，都會化解隔閡。

「不過還是有些獨特的人。」

郁慧已經會用獨特的字眼去形容和她想法、看法不同的人，以前她總是會用強烈的字眼，去形容那些與她價值觀和態度不同的人，經過這些日子的磨練和對話，她從我這裡學會了「獨特」這兩個字，事情沒有好或壞，只有觀點不同，人沒有好壞，只有想法不同。郁慧經常提醒自己，愈獨特的人，愈要用心去了解他們的想法和感受。

有一次有一位職員，為了請公傷假和她起了爭執，她突然回想起自己也曾因公受傷，也是用心計較每一個可以多請的天數，原本她想教訓這位貪得無厭的職員，已經放寬認定公傷假了，還要計較多一兩天。後來她拿著日曆，想著如果是她要請公傷假，她會怎麼算。在合法的範圍內用最寬的解釋去計算，她發現她計算的方式比這位職員計算的方式還多一天。這位職員原本帶著準備抗爭的心態來找她，後來滿面笑容的答謝她。雖然人事單位簽核的結果並不是如此，但她還是協同這位職員去爭取。雖然郁慧知道所有的努力都在做白工，但一個人的「感覺」比「事實」重要。

「學了一輩子的同理心，我到最近才稍微懂一點。」

郁慧當過輔導主任，她回想她對待學生的過程，一直覺得很愧對這些學生，從未真正了解過孩子的感受，只是言語的同理，事實上，只在說服學生承認自己不夠好和做錯事。

「真的不用太計較結果。」

郁慧有感而發，結果有時是贏得一時和表面，最後會輸在全部。

「妳不重視結果，那妳重視什麼呢？」

她告訴我人和事，她把「人」放前面，很用心的去感受他們的想法，聆聽他們的意見。郁慧學習不做任何評論，而是試著去了解他們真正的想法。主任和組長是行政工作者，總希望導師多配合把事做好，他們就可以很省事；導師們的想法，卻是我把班級帶好，其餘都不該是他們要操心的。有許多人會認為，可以免費得到的為什麼不多撈一些，可以偷懶的為什麼要這麼賣力？校長不需要管那麼多。她發現一件事，就是不解釋，由當事人自己發現問題，自己做合理的修正。

有老師認為，沒有課的時間是他們的時間，可以做自己的事。老師的職位究竟是賣時間，還是賣專業呢？法令是怎麼規定呢？

郁慧有時自己也不是那麼清楚，把相關的規定找出來，讓大家一起來找合理的答案，而不是校長規定的。有些老師常會和學生一樣的習性，認為之前的學校可以，別人可以或以前都可以，就表示校長要同意這樣的陋習。

郁慧很委婉的表示，她沒有權力同意和法規意旨不同的做法，但同仁可以自己決定要怎麼做。

她發現同仁要自己負相關責任時，都會很謹慎的遵守相關規定，許多無理的要求，是要她承擔所有的風險——違反規定的事是校長的指示或同意，她不同意就會引起反彈。

她現在不用傷腦筋了，因為她沒有決定權，她還加了一句，如果有什麼可以逃避相關規定的辦法，請同仁一定要告訴她。

管理自己還是管理別人？

「管人真的很難。沒有人喜歡被別人管，真正的管理應該是『管』和『理』自己。」

郁慧上過高階領導人員訓練課程，她的結論是和父母的角色雷同的，最好的管教就是不再管教，最好的保護就是不再保護，最好的照顧就是不再照顧，最好的管理就是不再管理。

「沒有管理的管理，才是最好的管理。」

這是郁慧之前無法體會的道理，她現在已經稍微了解一些，她自覺之前受到一些儒家想法的影響，校長就要有校長的樣子，部屬就要像個部屬，她身為部屬時，一切都很OK。當她是校長時，她很像個校長，只要指揮和做決策，開會不管討論什麼，她總在最後做了自己要的決定。以前她看別人當校長，都是這麼做的，為什麼輪到她就不行呢？

這段時間她體會到，之前的人可以，不是因為她是個好部屬，而是這些校長都在這之前做過一些準備，和每個人都有一些互動，已經取得彼此的信任和默契。

「『情』真的很重要。」

「情是什麼呢？」

把別人看得很重要，重視對方的想法，重視他人的感受。給予足夠的時間等待對方思考和做好準備。親子關係如此，職場也不例外。雖然，現在職場講求的是效率和結果，但所有的事都是人在操作，人不OK，事如何能OK呢？有企業以軍事模式帶領員工，在某些時空的確會有特別的產能；但人畢竟是人，滿足了某一部分需求之後，就會要求更高層次的需求，被管、被迫，在內心裡總會有一些不舒服。

郁慧常會有兩難，重視「情」，很可能就會沒有效率和規範，不過她也從和孩子的互動中，學習到一些溝通的技巧。她用溫和堅定的態度，讓同仁放棄抗爭，她把學校期待的結果告知同仁，讓他們自己去設計和決定如何完成。畢竟做事的是這些人，當然他們有權決定事情該怎麼做。

「真的很不簡單。短短的時間，就有這麼大的收穫。」

郁慧告訴我最大的收穫是，她真正體會出「挫折是生命中最好的禮物」這句話。如果她接這個學校是很平順的，她這一輩子應該不會有這樣的學習和成長。在以前，她會認為挫敗就是挫敗，為什麼要找一些合理化的說詞來騙自己呢？現在她不這麼認為。

「人的想法改變，一切就會跟著改變。」

想法的改變不是偶然的，而是因為出現了許多「想非當然耳」的事件，她期待大家的認同和支持，得到的卻是抗拒和排斥；她費盡心思去溝通和協調，得到的卻是出爾反爾。她剛開始都認為，這些主任、老師、家長和學生一樣的幼齡化和延緩成熟，為什麼會為了芝麻小事而做激烈的抗爭呢？怎麼會有這麼不理性的老師和家長呢？

「指責和批評的人，最後會是輸家。」

郁慧的了解是，別人在提醒和協助我們做改善，我們不願改變，就一味指責對方，最後只會招來更大的反彈力量，順著指責和反對的聲浪去了解對方真正要傳達的是什麼，往往會有意外的收穫和發現。

坐這山望那山，是否總在追求遠山？

「妳還會續任校長嗎？」

郁慧不知為何流下了眼淚，後來才知道她一位也是唯一可以放開所有談心的朋友，最近發現罹患癌症末期，人能爭什麼呢？坐上這個位置想著另一個位置，如果明天就要離開人間，今天坐上什麼位置還有什麼重要性呢？把握今天的一切，因為過了今天，一切美好也就沒有了，她提醒自己不用再為明天的一切計較。明天自有明天的「恩典」和「禮物」，這是我從黃明鎮牧師身上學到的，我也分享給了郁慧，她真的落實在她的工作上。

記得我年輕時服兵役，一位士官長總是對我說：「鐵皮的營房，流水的兵。」一阿兵哥和學生都像過客，士官長最後也會退伍，我們也將和水泥的學校或辦公大樓離別。郁慧看似有些傷感，但她卻告訴我，她只有珍惜的權利，而沒有傷感的權利。一個校長是何等重要，她要保持著最愉悅的心情和最佳的狀況，和每一個老師和學生相遇，創造最美好的經驗，她曾經錯失了生命的大半在追求，如今她已無心於這些職位，只想給自己的生命拍下最精采和美好的紀錄片。

「我們的人生也是個過客，會像流水一般的流逝。」

郁慧的轉變讓我十分驚訝。從認識自己開始，她逐漸認識她的家人、工作和同事。這世界真的很美好，而且一直都是那麼美好。我們還需要浪費時間抱怨什麼嗎？我們還要繼續把生命耗費在佔有更多無用的頭銜、地位和金錢嗎？

郁慧掉下眼淚，我也紅了眼眶，我為郁慧做了些什麼嗎？

我並沒有做什麼，我只是陪她走一段路的偶遇的路人。我們交換了不同的生命經歷，就像你閱讀了這個故事，我只想祝福所有的朋友都能像郁慧一般，離苦得樂。

閱讀自己

體諒，「心」工作的開始，因為你開始諒解和感恩所有，因為你開始不再用過去的境遇和經驗，懲罰自己和其他生命，你不僅會得到解脫，你的「心」還會開始真正的工作。

用心生活，你會看見生命的脈動。每一個生命都值得悲憫和體諒，他們都因不懂用「心」生活，才會不斷的折磨自己和別人。

你什麼時候才會讓你的「心」工作呢？

13 改變
從心開始的生命

愛看似困難，但其實只要在生活中，多關照一下對方的需求。愛字把「心」拿出來很像個「受」字，用「心」去「感受」對方的「心」，愛就會在彼此之間流動。

婚姻的誠實原則

有一天郁慧帶她先生來找我，我才知道，原來我曾因到他的學校演講而彼此認識。郁慧的先生是學校主任，他承辦多次的演講，通常都開個場就去忙別的事，終場時才出現。

「盧老師的故事我們都知道。」

郁慧的先生會來，有一個原因，這幾個月，郁慧只要有機會就會分享我們的對話，她先生剛開始覺得很不舒服，他想像我又是一個什麼「大師」或「專家」，又要自以為是的幫助別人或解決別人的問題，他甚至對郁慧給他的書都有些反感，也從未認真翻閱過。有一天因孩子上色情網站，他不知該如何管教，便順手翻開了《看見男人》這本書，竟接連幾天著迷地把它讀完。這本書吸引他的原因是很坦誠的分享，而沒有任何教條式的勸說，把男人內在成長的歷程陳述得十分深入。

大部分男人都用最大的努力偽裝自己是個正人君子，對性是那麼有自制力，書中卻不是這麼說的，男人是很容易受誘惑和影響的，當一個男人是很辛苦的，每隔幾天就會被性驅力所打擾。他這幾年也是如此，他坦承他有外遇，甚至還買過春，他自圓其說這是男人都會犯的錯誤，他也認為我和他太太會犯同樣的錯誤；可惜幾個月來他矛盾的期待落空了。他喃喃自語的自述，讓我還真是好奇，性是多麼私密的禁忌，他竟然願意這樣開誠布公的分享他的想法和感受。

「男人除非是性驅力被壓抑和蓄積的能量太大，否則男人的性發洩，還是有所選擇的。」

當然，有一些自我控制能力低的人會觸犯法律，是因性的趨力和幻想導致他侵犯別人，這些低自我控制力的人，未必智能或學歷低下。我們常見到一些高社經地位的人，因性騷擾或偷拍、偷女性內衣褲、外遇、買春而上媒體，平時這些人的自我控制力都很高，只因情境和機會誘發他們觸法。更重要的是，這些人沒有用心認識自己的性驅力。

一個男人精囊蓄滿了精子，頭腦就很容易被「性驅力」所打擾，就會想要去接觸色情圖片、A片和網站，對穿著暴露的女性，眼光就會多停留在她們的性徵部位。在學校一個男老師也會被女學生所吸引，這是很自然的事；但如果沒有適當的情境和機會，自我的控制力又沒有受到情緒或不當的事件影響，通常一個男人就會維持社會期待的行為和角色。

我和一般正常的男人一樣，在青春期開始就被「性」所束縛，自我控制能力高的孩子會在偶爾脫序中，很快回到正軌；但有些男孩會沉迷一段期間或更長的時間，在性的幻想和滿足上，因為青春期的孩子只能靠想像和DIY，所以，很難得到真正的滿足。

郁慧的先生會在夫妻感情冷淡和疏離時，有婚外情或性交易，都是可以理解的，有些男性可能因為害怕後遺症和帶來麻煩，而有比較高的自我控制，這時他就要靠色情影片和DIY紓解；而有一些男性因工作或職務關係，會有外遇和性交易機會，只要一不留意，許多男人都會淪陷。幸運的如郁慧的先生，都沒有出什麼亂子上媒體或被揭發，運氣差的就會身敗名裂。

我因為輔導工作的關係，有機會接觸和經歷這些因「性」而觸法的少年，我心生同情，他們都無意要傷害任何人，只不過因為腦的主導權被下半身操控。我有許多朋友因為外遇和婚外情，把自己的人生搞得一團糟。

我並不是什麼聖人，一樣會受性的打擾和誘惑，腦中常有一堆性幻想，我只是比較幸運，我的太太都能諒解我，給我足夠的機會去滿足性驅力。如果我的婚姻不夠親密和協調，郁慧和我很可能會有出軌的情事發生。

對「性」我沒有太大的自信，我時時警惕和告誡自己，建立一個幸福的家庭，要靠點點滴滴的經營和努力堆積；但毀掉自己和家庭，卻常是在不經意的瞬間。所以，我很在乎交往的朋友和出入的場所，絕不給自己有機會接觸和涉入會讓自己失控的情境。就像在任何情況下，我開車在外一定不接觸酒類，若是料理中有加酒，即使那道菜再好吃再經典，我也不碰。

眼前的家庭功能出現問題

「我在乎我的另一半和我的家，他們是我生命中最重要的珍寶。」

我的話，讓郁慧的先生臉上一陣緊張，他深深嘆了一口氣，陷入了自我的沉思中。

「還好，一切都還來得及。」

郁慧的先生口中沒有說出感謝的話；但他清楚，如果郁慧在這段期間，遇到的是另一類型的老師，他的家一定會毀了。大部分男人只有在追逐和征戰完所有的目標，心疲力倦後才會想到家。當然男人努力的動機，是要給家足夠的資源和安全，才去征戰和努力；但女人要的不只是男人帶回來的戰利品，而是一個回到家、把家看得比什麼都重要的男人，一個心「在」家的男人。

夫妻的關係和家庭的經營是一件不容易的事，運氣好的人彼此的價值觀和想法相近或互補，經營不好並不是人有問題，而是不知要學習和經營。夫妻關係是學習的歷程，家是因為每一個人的珍惜，不斷投資所有，累積的成果。如果我們不了解，誤以為結婚之後理所當然就應該幸福，我相信像郁慧的婚姻和家庭的波折是難免的。

沒有任何的例外，每一個家庭都要有愛，這個家才會有幸福，每每看台灣的八點檔鄉土劇，家人間充滿著衝突，公司裡到處都是敵對，這樣的家和企業是不可能長久維持。幸運的就在吵鬧過程中分分合合，不幸的就會造成家庭悲劇，小則離婚成為破碎家庭，嚴重的就是彼此傷害。

許多人不懂為何夫妻和家人間的傷害會如此殘暴；但如果了解一旦家人間的愛不存在了，或是以愛為名的言詞暴力，只要輕輕一句話，就可能會重重壓傷別人的心一輩子。

夫妻更是如此，因為太親密了，所以完全漠視對方的想法和感受。言詞稍有不慎，就會讓對方覺得不舒服，一個人不舒服就不會有好臉色和好言詞，惡性循環的結果，不是像郁慧夫妻這樣相敬如冰，彼此保持距離，便是夫妻見面就吵架，一個家沒有和樂和喜悅，只有吵和鬧，誰會喜歡這樣的家呢？夫妻感情不好，親子自然不可能有好的品質。

郁慧比較特殊，公婆住在樓下，當他們夫妻失去父母功能時，祖父母還能幫上一些忙。

犯錯，無關兩人的對錯

「是我的錯。」

郁慧的先生先自己檢討和認錯；但錯在哪裡呢？

他猶豫支吾，講不出自己錯在哪裡。

「不該有外遇？婚外情？買春？」

如果他的家庭幸福，和郁慧的性關係正常，他能得到完全的滿足，他還會搞這些嗎？性對婚姻是很重要的；但能完全得到性滿足的男人是很少的，連我都不是完全得到滿足。原因很多，夫妻都要工作，白天耗盡了心力，回到家又有家事、孩子，操到可以睡覺了，可能先生很有「性」趣，太太卻累癱了，再加上孩子的打擾。好不容易挨到假日，卻不是每個週末、假日都能如願的悠閒和自在，一週的「精」力蓄積，還不會有大問題，兩週、三週、一個月，男人的頭腦已經失去自我控制的能力，許多男人就看色情影片自己DIY，畢竟這是最沒有副作用的簡餐。

很多婚後的男人，把婚前的情色影片送人或丟掉，不久又再找回來，甚至蒐集的更多，這些男人有什麼問題嗎？已經結婚了，為什麼不找另一半解決呢？還是故意冷落另一半呢？郁慧的先生經歷這幾年的幾個女人，他的結論是，DIY是不得已的，但卻是最省事的，看一兩部影片，幾張衛生紙，十幾二十分鐘搞完，可以讓自己不受打擾的做自己想做的事。

許多人都誤以為外遇一定是快樂無比。

「前幾次是這樣。」

有了第一次之後，接下來幾天就一直想馬上再來一次，十次八次之後就開始覺得後悔，男人為了把女人騙上床會有一些承諾，要辦離婚再結婚之類的。最後發現外遇的對象也不怎麼好，就慢慢疏離和冷淡。郁慧的先生很幸運，外遇的對象沒有撕破臉把事情鬧大，他經歷幾次之後也厭倦了。透過熟門熟路的朋友介紹，有一段時間花錢去買「春」比較單純，他很謹慎，也很幸運，都沒有染病或出亂子。

「這一路走來有什麼心得呢？」

「男人其實也很辛苦。」

郁慧的先生願意來找我談談，是他從《看見男人》一書中得到了啟示，他之前是因不懂而迷惑，現在他比較懂了，男人的「性慾」是如何「來」和「去」，忙碌的男人看似不需要性，但靜下來獨處時，性就佔據了他整個腦袋。這是女人比較難理解的，累得要命，回家之後怎麼會還有性的需求。

他比較不明白的是，男人要受這樣的折磨多久？有一段時間他真的很少想到性，但他又覺得焦慮和不安，自己到了更年期嗎？最近和郁慧和好，他得到前所未有的滿足，郁慧聽了我的建議，要把她先生掏得乾乾淨淨，讓他不受性的打擾，她的先生非但沒有精神不濟，每天還神采奕奕。她不太懂，她的先生也很疑惑，夫妻之間只要性得到完全的滿足，一切都會OK嗎？

「一個吃飽的人，食物對他的誘惑就會少很多。一個剛做過愛的男人，女人的誘惑也就會少很多。」

人不只有是生物的本能和生理的需求，心理的滿足也是很重要的。外遇雖有某些程度的刺激，但畢竟會有許多的不安和擔心，分手之後，反而是另一種解脫。用錢去買，對方只是個配合的演員，對方年輕貌美，前幾次的好奇和新鮮真的得到很大的滿足，因彼此間沒有愛，不久就會覺得乏味。花那麼多的錢只買到那麼一下子，還不如就和兒子一樣，躲在房間看色情影片DIY，一直到郁慧改變，才讓他感覺恍如隔世，有重新再戀愛的感覺；但他真的不懂自己要什麼。郁慧的努力他都看到了，他很怕自己的不懂，讓好不容易回來的幸福又溜掉了。

生理上的性也許再過二、三十年會失去功能，但心理上「性」的需求會一直延續到老死，許多老夫妻無性的生活，看似沒什麼問題，但許多是不被對方知道，另有發洩的管道。對女人而言，性未必是做愛，彼此擁抱親吻，都是很棒的事；男人的「性」就比較單純，就是需要做愛。陽痿、不舉和早洩為什麼是男人的痛？因為性代表著愛和責任，讓另一半得到滿足和快樂；但幸福的婚姻最重要的不是性，而是愛。有愛的婚姻，沒有性仍然可以長長久久，只有性、沒有愛的婚姻，婚姻會味如嚼蠟。

「性很重要，愛更重要。」

郁慧的先生露出一抹不置可否的冷笑，男人要認識愛是很困難的，他覺得他都有為家庭而做，有為家庭的愛付出。我問郁慧有收到先生的愛嗎？

「嗯，現在有，有一點感覺。」

我為什麼問，是想讓郁慧的先生了解，我們以為自己做了很多，付出很多。很可能這些都跟愛無關，我們只是在做一些事，以愛為名。愛看似困難，但其實只要在生活中，多關照一下對方的需求。愛字把「心」拿出來很像個「受」字，用「心」去「感受」對方的「心」，愛就會在彼此之間流動。

愛只會是個經歷，而不會是個有形的物質，能夠用心去看重另一半，給予支持、鼓勵、溫暖和賞識。最重要的是，把對方看得比自己還要重要的去服侍和呵護，愛就容易流動。一個家有愛，就會有溫暖和幸福；一個人有愛，就會有光和能量。

關於追求，男人想說的其實是……

郁慧的先生露出了燦爛的笑容，他終於明白郁慧為什麼會改變了。他至今仍無法體會郁慧為了愛所做的努力，但他已有所感動。男人的成長是個困難的歷程，從小被重視和呵護就視為理所當然，有較多的期待，要為父母和家門的榮耀而努力，一生都在追求成功，卻很難了解自己要的成功是什麼。

一直努力，卻不知自己要過的生活和要達到的明確目標。郁慧的先生也有想過要擔任校長，但他找不到當校長的理由，加上自己在男女感情上的錯亂，讓他無法專注在校長的甄試上。他和郁慧是夫妻，也是競爭對手，郁慧好爭鋒頭，給了他許多挫傷，夫妻一路走來，競爭多於合作。郁慧的改變，讓他有些措手不及，原來針鋒相對的競爭對手，如今想要成為家庭幸福的合作夥伴。

他偶爾會受到過去不愉快的經驗打擾，郁慧的改變，事實上他很排斥和抗拒因為這等於在說，郁慧又在另一個領域上企圖要超越和帶領他，他不想被改變，也不想被超越和領導。

「這是大部分男性的特質。」

郁慧是女人，卻有著強烈的男性特質，家裡不可能容得下兩個男人，更何況她的家還有另外一個小男人，三足鼎立，各想主導一切，三個人都很辛苦。這段期間郁慧的功課是學習做一個水般的女人，放下對抗和競爭，學習用體貼、了解和正向的態度，支持、賞識她的「兩個男人」，郁慧真的很不容易也很辛苦；但辛苦的經營，一定不會白費，她找到她的幸福和她要的家。

「不知她的先生找到他要的幸福和家了嗎？」

郁慧的先生現出臉上三條線，郁慧的先生願意來，表示他想要知道如何找到他要的一切。問題是他根本沒有認真思考過自己要過什麼樣的生活？要把自己帶往哪裡去？都已經年逾五十了，應該明白自己幾十年的努力和自己要的有很大的出入，原因就在不知道自己真正要的是什麼。所以，也無法理清自己的失落和茫然究竟為了什麼。

看看我們的父母和周遭的人，他們的人生是我們期待和想要的嗎？到了中年以後，開始焦慮和不安，更想主導，更想佔有。中年的危機，不是來自基本的需求，而是來自己的人生沒有明確的方向，過去的經驗告訴他「人生就是這麼一回事」，得失已經不再重要，也沒有什麼值得追求的目標，等退休？去旅遊？把健康顧好？

「活七十歲和八、九十歲有何差別呢？」

郁慧的先生一臉茫然，每一個退休後的公教人員，都在盡最大的努力讓自己活久一點，有什麼理由要讓自己活這麼久呢？如果我們活著，生活卻沒有重心和方向，我們不只是耗掉社會的資源，還會製造出許多家庭和社會的問題，所以，這是多麼重要的一個問題，這時候不用心去思考，還等什麼時候思考呢？

「你要過什麼樣的生活？想要把自己帶去哪裡呢？」

「生命中你真正想要的是什麼？」

郁慧的先生閉上了眼睛，放鬆自己的情緒，很認真的思考。

「你真正要的是什麼？」

「未來還有幾十年，要過什麼樣的生活？」

郁慧已經找到她的方向，我想送一個更大的禮物給她，讓她擁有一個知己和伴侶，陪她走過未來的生命。

閱讀自己

改變，從心開始的生命！

我們本能害怕改變，因為我們不確定改變是否會更好。

我卻喜歡改變，尤其是「心」的改變。

再一次的閱讀自己，再一次的和自己相遇，再一次的享受和真正的自己對話與獨舞，我們的「心」會一再的更新。

改變讓不屬於我們的塵埃沉澱，改變讓我們自己重生。

不論你的年紀如何，你都可以如嬰兒般的，享有全然和純真的生命。

只要你願意，再一次閱讀自己！

14 祝福
讓自己擁有最美好的祝福

要知道我們生命中最珍貴的價值，就在生命的最後一刻，我們拋棄所有的干擾，很清楚的面對自己真正的需求。我們會要什麼或做什麼呢？在生命的最後一刻，我們會許下什麼願望給自己呢？

得到的永遠比失去的更多

郁慧的先生把我給他的問題帶回家去思考。

我給了他一星期，他一直覺得太多了，他認為自己只要一天就會想出答案。結果他來電，要我再給他一星期，他真的很認真的想要找到真正的答案。他們夫妻再和我見面時，彼此都有些疲態，幸福的感覺好像離他們有些距離。不過這是必要的過程，很認真的去思考一次，好讓我們的心從此安定下來。

「告訴我，什麼是你未來生活真正想要的呢？」

「我要健康。我要快樂。我要有錢。」

郁慧的先生幾經思考，發現沒有健康，他要什麼都是白要的，他決定每天都去運動。他要快樂。沒有快樂，多得其他的也沒有意義。

錢還是很重要，如果沒有夠用的錢，晚年會很可悲。郁慧的先生真的很認真去思考，這三樣東西真的很重要：要健康、要快樂、要錢。他真正想要得到的是什麼呢？

「嗯，我……」

郁慧的先生已經剝掉了第一層的洋蔥皮，他必須要做一次功課，在得到答案時，再一次確認，自己真正要的是什麼呢？

「要健康？你真正想要的是什麼呢？」

他如果沒有健康，中風、半身不遂或一身是病，這是他害怕的。疾病讓一個活著的人住進了無形的監牢，得不到自由和自在。我們平常不會注意到健康的存在，唯有疾病纏身時，我們才會了解健康的意義和價值。郁慧的先生所擔心的，正是一個邁入中老年人最重要的價值——「健康」。

他真正想要的不只是健康，而是擁有一個可以自主的身體，可以自由自在，隨心所欲的做自己想做的事。

其實「健康」是很重要的事，更重要的是要投資健康，讓自己遠離病痛。

健康的需求背後，除了要遠離病痛，還有我們想拖延死亡的來到，人對死亡的不安和恐懼，是因為我們對死亡的陌生和無知。

預見死亡的假設聯想

「如果明天我們就要離開人間，你最想做的是什麼事呢？」

年輕人會去狂歡和縱慾，然而一個中年人會要什麼呢？活到一百歲的人經歷了生命的所有，面對死亡仍充滿著恐懼，因為他未真正活過和擁有。

要知道我們生命中最珍貴的價值，就在生命的最後一刻，我們拋棄所有的干擾，很清楚的面對自己真正的需求。我們會要什麼或做什麼呢？

在生命的最後一刻，我們會許下什麼願望給自己呢？更有錢？擁有更多的房子？要做更多的善事？

「這是你生命的最後一刻，最後的一口氣，你最想見什麼人或做什麼樣的事呢？或說什麼樣的話呢？」

郁慧的先生雙手抱著頭，陷入了深層的對話，什麼是他要的呢？靜默的氣氛中，郁慧也陷入了她的思考，我也一樣。因這樣的功課我已做過無數次，我只是再一次的審視我之前的答案，再次確定我的答案沒有改變。

時間一分一秒的過去，郁慧怕打擾到她先生，她之前做過這樣的功課，她很快的找到她要的，她流著淚看著她先生，期待著他的答案能與她相契合。

時間悄悄流逝，整個空間寂靜無聲，我享受著生命難得的寧靜，靜默的等待著，內在翻湧著各種對話和各種不同答案的人。他最後會選擇什麼呢？我很清楚，三個不同的人一定會有相近的答案，郁慧的眼淚讓我知道這趟旅程是值得的，她的努力讓她清楚自己真正的方向所在。我要送一個全世界最難得的禮物給她，讓她的先生認識自己，也認識郁慧——他的愛人。

故事應該可以繼續，但再多的言語已經是多餘的了，我只有感恩和祝福。我們都是世界上最幸福的人，在茫茫人生中去探尋生命的究竟，我們要的竟是如此的簡單和容易，而我們卻一直在堆砌和佔有更多和更好。給自己最美好的祝福，看見我們早已擁有的幸福和一切。

閱讀自己

祝福，讓自己擁有最美好的祝福。

閱讀這本書，你讀懂自己了嗎？

這不是別人的故事，這是你自己的故事。打開你的生命手札，開始閱讀你自己。你真正的自己是沒有任何束縛，赤裸和光鮮的自己，閱讀自己如何來到這裡。

你回望過去，問一問自己，過往的一切，給予你什麼樣的生命啟示呢？向前看你自己，未來你要如何寫你自己的生命手札呢？

一切都由你自己的選擇決定！

國家圖書館預行編目資料

這一生，你為何而活？／盧蘇偉著.
--初版.--臺北市:寶瓶文化, 2011.01
面； 公分.--(vision；91)
ISBN 978-986-6249-35-8（平裝）

1.人生哲學 2.通俗作品

191.9 99025304

Vision 091

這一生，你為何而活？

作者／盧蘇偉

發行人／張寶琴
社長兼總編輯／朱亞君
主編／張純玲・簡伊玲
編輯／禹鐘月
美術主編／林慧雯
校對／禹鐘月・陳佩伶・呂佳真
企劃副理／蘇靜玲
業務經理／盧金城
財務主任／歐素琪 業務助理／林裕翔
出版者／寶瓶文化事業有限公司
地址／台北市110信義區基隆路一段180號8樓
電話／(02)27494988 傳真／(02)27495072
郵政劃撥／19446403 寶瓶文化事業有限公司
印刷廠／世和印製企業有限公司
總經銷／大和書報圖書股份有限公司 電話／(02)89902588
地址／台北縣五股工業區五工五路2號 傳真／(02)22997900
E-mail／aquarius@udngroup.com

著作完成日期／二〇一〇年十月
初版一刷日期／二〇一一年一月
初版三刷日期／二〇一一年一月十一日
ISBN／978-986-6249-35-8
定價／二七〇元

AQUARIUS 寶瓶文化事業

愛書人卡

感謝您熱心的為我們填寫，
對您的意見，我們會認真的加以參考，
希望寶瓶文化推出的每一本書，都能得到您的肯定與永遠的支持。

系列：vision 091 **書名：這一生，你為何而活？**

1. 姓名：＿＿＿＿＿＿＿＿ 性別：□男 □女

2. 生日：＿＿＿年＿＿＿月＿＿＿日

3. 教育程度：□大學以上 □大學 □專科 □高中、高職 □高中職以下

4. 職業：＿＿＿＿＿＿＿＿

5. 聯絡地址：＿＿＿＿＿＿＿＿＿＿＿＿＿＿＿＿＿＿＿＿

聯絡電話：＿＿＿＿＿＿＿＿ 手機：＿＿＿＿＿＿＿＿

6. E-mail信箱：＿＿＿＿＿＿＿＿＿＿＿＿＿＿＿＿

□同意 □不同意 免費獲得寶瓶文化叢書訊息

7. 購買日期：＿＿＿年＿＿＿月＿＿＿日

8. 您得知本書的管道：□報紙／雜誌 □電視／電台 □親友介紹 □逛書店 □網路

□傳單／海報 □廣告 □其他

9. 您在哪裡買到本書：□書店，店名＿＿＿＿＿＿ □劃撥 □現場活動 □贈書

□網路購書，網站名稱：＿＿＿＿＿＿＿＿ □其他＿＿＿＿＿＿

10. 對本書的建議：（請填代號 1. 滿意 2. 尚可 3. 再改進，請提供意見）

意見：＿＿＿＿＿＿＿＿＿＿＿＿＿＿＿＿

我□要 □不要 參加「**盧蘇偉老師新書講座暨退休感恩茶會**」

凡於2011年3月3日前，寄回本愛書人回函卡（郵戳為憑），寶瓶文化將於3月7日抽出30位讀者，將可免費參加「盧蘇偉老師新書講座暨退休感恩茶會」。

講座暨茶會時間：2011年3月12日（週六）下午2：30
地點：台北市敦化南路二段63巷54弄12號（TRIO三重奏02-2703-8706）
洽詢專線：02-2749-4988
通知方式：E-MAIL通知，並公佈於盧蘇偉老師部落格（http://blog.udn.com/lusuwei）

（請沿此虛線剪下）

廣 告 回 函
北區郵政管理局登記
證北台字15345號
免貼郵票

寶瓶文化事業有限公司　收

110台北市信義區基隆路一段180號8樓

8F,180 KEELUNG RD.,SEC.1,

TAIPEI.(110)TAIWAN R.O.C.

（請沿虛線對折後寄回，謝謝）